Kai Pannen

ANDRO
{STRENG GEHEIM!}
»Fehlermeldung: Schule«

Illustriert von Mareikje Vogler

Band 1

Loewe

Kai Pannen wurde auf dem 51. Grad nördlicher Breite und 6. Grad westlicher Länge* erbaut, korrigiere, geboren und programmiert. An der Fachhochschule in Köln erhielt er ein Upgrade für Malerei und Film. Viele Jahre war er als Buchillustrator und Trickfilmer tätig, bis er 2015 ein Schreibprogramm aufgespielt bekam und seitdem hauptsächlich als Autor von Kinder- und Jugendbüchern tätig ist. 2017 zeichnete ihn der Börsenverein des Deutschen Buchhandels als Lesekünstler des Jahres aus. Seit 1996 lebt er in Hamburg und ist im Internet unter www.kaipannen.de zu finden.

*in Moers am Niederrhein

Mareikje Vogler kommt gebürtig aus dem schönen Münsterland, machte dort eine Ausbildung zur Mediengestalterin und arbeitete anschließend einige Jahre in der Werbung. Später studierte sie an der Animation School in Hamburg Trickfilm und arbeitet seitdem als freischaffende Illustratorin. Sie lebt mit ihrer Familie in Hamburg.

ISBN 978-3-7432-0893-3
1. Auflage 2021
© 2021 Loewe Verlag GmbH, Bindlach
Umschlag- und Innenillustrationen: Mareikje Vogler
Umschlaggestaltung: Michael Dietrich
Printed in the EU

www.loewe-verlag.de

Inhalt

Der erste Schultag	10
Die Schlange in der Pausenhalle	21
Ein fast normales Zuhause	28
Hauptsache trocken	37
Kleider machen Leute	43
Kartoffelpüree	52
Immer der Linie nach	58
Lilli	66
Der Kantinomat	70
Tor!	82
Auf der Hundewiese	91
Klebriger Lieblingskuchen	97
Essen ist fertig!	104
Her mit den Ringen	108
Bei den Fischen	116
Alarm – ein Mensch zu Besuch!	125
Die Generalprobe	134
Ausgepowert	143
Große Premiere	150
So muss sich Glück anfühlen	165

Der erste Schultag

Es ist gerade mal drei Tage her, dass meine **ERBAUER** mich programmiert haben. Jetzt stehe ich vor der Klasse und muss **HUNDERTPROZENTIG** funktionieren.

100%

„Guten Tag. Ich heiße Andro. **Andro Neumann**. 10 Jahre alt", stelle ich mich vor.

„Ihr seid umgezogen, nicht wahr? Wo habt ihr denn vorher gewohnt?", fragt dieser Herr Lembke, der wohl der Klassenlehrer ist.

HEILIGER STROMAUSFALL!

Ich muss schnell reagieren. Auf der Innenseite meiner 3-D-Video-Info-Brille blende ich die Weltkarte ein, schließlich bin ich mit **modernster Technik** ausgestattet. Und ausnahmsweise funktioniert die sogar mal.

Häh?

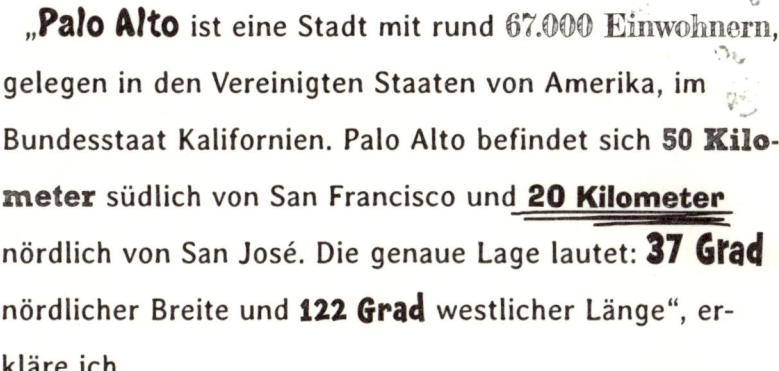

„Palo Alto", lese ich in meiner Brille.

„Hä? Nie gehört. Wo ist das denn?", ruft ein Junge aus der zweiten Reihe.

„**Palo Alto** ist eine Stadt mit rund 67.000 Einwohnern, gelegen in den Vereinigten Staaten von Amerika, im Bundesstaat Kalifornien. Palo Alto befindet sich **50 Kilometer** südlich von San Francisco und **20 Kilometer** nördlich von San José. Die genaue Lage lautet: **37 Grad** nördlicher Breite und **122 Grad** westlicher Länge", erkläre ich.

Wieso ist es so still im Klassenzimmer? Die Schüler starren mich an. Offene Münder, große Augen. Auch der Lehrer sieht aus, als hätte ihn jemand bei **minus 20 Grad** schockgefrostet. *Brr!*

SET-UP-FEHLER: 431 ✕

Meine Analyse: Zu viele Informationen = Fehlverhalten = auffällig!

„Oh Gott, was bist du denn für ein Nerd?", sagt ein buntes Mädchen. Ihr Gesicht sieht aus wie angemalt. Irgendwie künstlicher als die Gesichter der anderen. Mit „Oh Gott" hat sie mich angeredet! Keine schlechte Begrüßung für den Anfang. Lediglich etwas übertrieben, sagt mein **ANALYSEPROGRAMM**. Schließlich ist Gott für VIELE Menschen der mächtigste Boss. Diese äußerst freundliche Begrüßung beschert mir jedenfalls die ersten **DREI PUNKTE** auf meinem **Statusbalken für Freundschaften**.

„Sophie, unterlasse bitte deine beleidigenden Bemerkungen", mahnt der Lehrer.

HERZLICH WILLKOMMEN, ANDRO!

 Weg sind sie wieder, meine **drei Freundschaftspunkte**!

„Dann macht dein Vater beruflich bestimmt was mit **Computern**? Palo Alto, das Zentrum der Computerindustrie." Dieser Herr Lembke scheint langsam wieder aufzutauen.

ACHTUNG! Das Thema Computer muss möglichst schnell abgehandelt werden.

„Positiv. Er macht sie sauber", antworte ich. *Oh, oh!*

„Du meinst, er pflegt die Daten und programmiert sie?"

„Er pflegt Computer. Mit einem Lappen. Er ist Putzmann."

GUTE AUSREDE! Putzmann ist ein unauffälliger Beruf. Anders als **Roboter-Erbauer.** *Puh!*

„Und wegen eines neuen Putzjobs seid ihr aus Amerika extra hierhergezogen?"

Herr Lembke sieht mich mit einem undefinierbaren Blick an. Meine Ausrede klingt scheinbar ziemlich unglaubwürdig.

„Er ist ein Putz-Experte."

Der Lehrer zieht die Augenbrauen hoch und neigt den Kopf um 5 Grad zur Seite.

ANALYSE:

Analyse 1: Er hat einen Schrecken bekommen. Negativ.
Analyse 2: Augenbrauen hoch, Kopf zur Seite = Zweifel und Unglaubwürdigkeit = Achtung! Höchste Gefahr, Enttarnung droht!

Zum Glück beendet dieser Herr Lembke die Befragung. Ich soll mich auf den freien Platz neben einem Jungen in der zweiten Reihe setzen.

„Wir starten mit Kopfrechnen", sagt der Lehrer zur Klasse, „Gehirnjogging, um eure Denkapparate auf Trab zu bringen."

Hopp, hopp!

meinem Fall natürlich absolut zutrifft. Ich drehe mich zu den beiden Mädchen um. „Guten Tag. Ich heiße **Andro**. Das ist die Kurzform von *Piep!* ... ich korrigiere ... Hi."

Hihi!

PIEP: FEHLERMELDUNG! Mein **Prozessor**, bei Menschen nennt man das „Gehirn", ist heiß gelaufen.

Die beiden Mädchen prusten los.

ANALYSE:
Lachen = freundlich.

Prima, zwei ganz besonders freundliche Exemplare! Das gibt **zwei Punkte** auf meinem **Freundschaftsbalken**. Endlich! Meine Erbauer werden zufrieden sein.

Ich drehe mich wieder um. Der Lehrer lächelt noch immer. Das scheint eine Art Verkrampfung zu sein. „Gut. Damit wir alle was zum Lachen haben: Wie viel ist **13 mal 21**, Sophie?"

Haha!

Hä? Was für eine komische Frage ist das denn? **273** natürlich!

„Müssten Sie das als Mathematiklehrer nicht selber herausbekommen?", gehe ich der Sache auf den Grund.

Haha, haha! Die gesamte Klasse lacht. **Plus 4 Freundschaftspunkte.** Auch der Herr Lehrer grinst. Weil aus Sophie keine Zahl herauskommt, zeigt er auf mich: „Du weißt das doch bestimmt, Andro."

„**273**", antworte ich.

„Das wollte ich auch sagen", ruft ein Junge aus der ersten Reihe beleidigt.

„Streber, Streber", kommt es von ganz hinten.

„Dann versuchen wir es mal mit ...", dieser Herr Lembke denkt nach. Dann schreibt er eine Aufgabe auf das Smartboard:

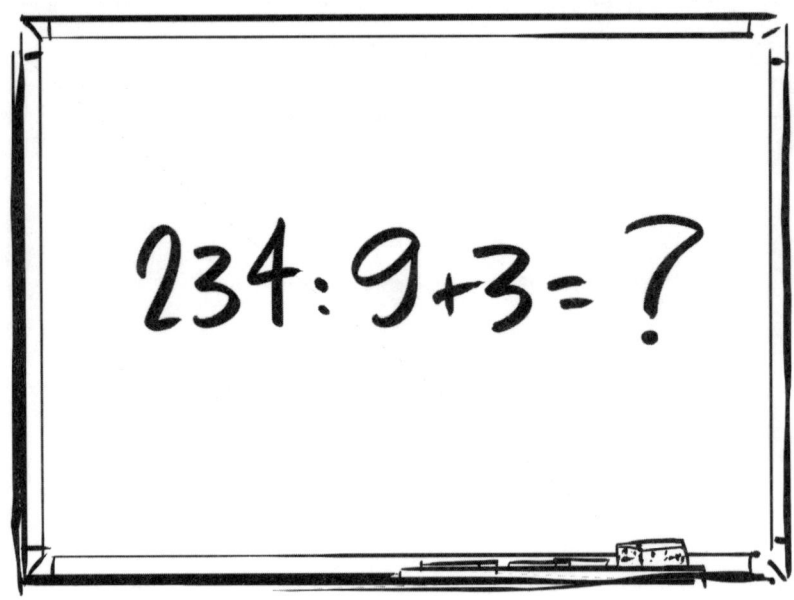

$234 : 9 + 3 = ?$

„**29**", beantworte ich diese alberne Frage.

Herr Lembke ist noch dabei, das Ergebnis auszurechnen, und sieht mich mit großen Augen an: „**Richtig, Andro!** Sehr gut."

Er wuschelt sich durch die Haare und schreibt die nächste Aufgabe auf das Smartboard: „**467x3-239**".

Ich sage: „1162."

Herr Lembke benutzt seinen Taschenrechner und zerrauft sich seine Haare noch ein bisschen mehr. „Unglaublich, wie aus der Pistole geschossen. Treffer!"

Peng!

„Ich dachte, dies wäre Mathe- und kein Schießunterricht", stelle ich verwundert fest.

Ein Mädchen ruft: „**1567x3578**".

Ich antworte: „**5606726**".

Herr Lembke tippt auf seinem Taschenrechner herum und springt aufgeregt hin und her. „Wahnsinn. So was kann doch **kein Mensch** im Kopf ausrechnen."

Da mag er recht haben. Aber für einen **ROBOTER** wie mich ist das unterstes Taschenrechner-Level. Der Lehrer beruhigt sich allmählich wieder. Die **10 neuen Freundschaftspunkte** scheine ich jedenfalls ihm zu verdanken.

„So, und nun noch eine Aufgabe für **NORMALSTERBLICHE**. Leon, was ist **16 mal 9**?"

Der Junge neben mir starrt nur auf die Tischplatte. Wie dumm die Menschen doch sind! Und ausgerechnet die soll ich erforschen und ihr Vertrauen gewinnen. Also schreibe ich 144 auf ein Blatt Papier und schiebe es Leon zu. Weitere **2 Freundschaftspunkte** für mich.

In der Pausenhalle herrscht ein ziemliches Durcheinander und Gedränge. Genau **45 Schüler**, die hintereinander quer durch die Halle stehen. Doch eine Schlange ist nirgends zu entdecken. Vermutlich eine **scheue Spezies**.

„Mist, wir sind spät dran", flucht Leon.

Das Ziel dieses Pausenhallenspiels ist es, den Tresen zu erreichen und **Menschennahrung** zu ergattern, bevor es wieder zum Unterricht läutet. Hinter dem Tresen steht eine Frau, die jeden freundlich beim Namen grüßt. Um das Spiel zu erschweren, scheinen ihre **MIKROFONE** defekt zu sein. **Korrigiere**, bei Menschen nennt man das *Ohren*. Jedes Mal wiederholt sie die Bestellung oder das, was sie glaubt, verstanden zu haben.

„Ein schneller Pantoffel-Spagat?", ruft sie so laut, dass wirklich jeder es hören kann.

Frau Becker

„Nein, einen Teller Kartoffelsalat", wiederholt ein Mädchen ihre Bestellung.

„Ein heller Karton-Apparat. So was hab ich nicht."

„Kartoffelsalat!"

„Ach, Kartoffelsalat. Sag das doch gleich."

Die Frau greift einen Teller und schaufelt eine große Portion darauf. So geht das bei jeder Bestellung. Leon ist mittlerweile in sein **Handy** vertieft und beschießt Monster. Der Junge aus der ersten Reihe und sein Tischnachbar kommen auf uns zu. „Sieh an, unser Neuer steht ganz hinten in der Schlange. Gebt es auf, in dieser Pause bekommt ihr nichts mehr. Dafür ist die olle Becker viel zu langsam. Wird Zeit, sie durch den **KANTINOMATEN** zu ersetzen."

„Kantinomat?", frage ich.

„Ach ja, das kannst du noch nicht wissen. Wir arbeiten gerade an einer **automatischen Essensausgabe**. Damit das in Zukunft besser läuft in den Pausen."

„Aha", denke ich. „Die Menschen ersetzen sich also schon selber durch Maschinen."

Julius, so heißt der Junge, ist der **Klassenbeste**. Aber keiner kann ihn leiden, weil er eine **Petzliese** ist, hat

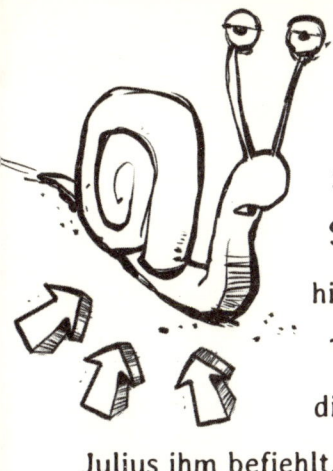

dieser Leon mir verraten. Und ein Schleimer. Obwohl ... eine **SCHLEIM-SPUR**, so wie bei Schnecken, kann ich hinter ihm nicht entdecken. Sein Kumpel Till trottet wohl permanent, also ständig, hinter ihm her und führt aus, was Julius ihm befiehlt. **BEINAHE WIE EIN ROBOTER.**

„Hier hinten in der Reihe stehen übrigens nur die Neuen und die Luschen", erklärt Julius und guckt dabei Leon an. Dann schnippt Julius mit den Fingern und zeigt auf Tills Nahrungsmittel.

„Hier, kannst was abhaben", sagt er gönnerhaft.

ANALYSE:

Zwei Scheiben aus Mehl, Wasser und Hefe. Dazwischen 8 Gramm Streichfett aus dem Rahm der Milch einer Kuh. Sowie ein Teil der Kuh selbst in Form einer runden Scheibe = Butterbrot mit Salami. Widerlich!

Till zögert.

„Gib's ihm schon", herrscht Julius ihn an. Widerwillig reicht mir dieser Till seine Nahrung.

Igitt! „FÜR MICH?", frage ich. **Bäh!**

„Für wen sonst? Der da ist doch schon zu dick." Leon tut so, als hätte er Julius' Bemerkung nicht gehört. Ich nehme das Butterbrot und bedanke mich vorschriftsmäßig.

Anscheinend kann dieser Till nicht sprechen, denn Julius sagt: „Schon gut. Frag mich, wenn du Hilfe brauchst."

+1 Freundschaftspunkt!

Wie soll ich dieses Butterbrot nur sinnvoll verwenden? Schließlich habe ich keinen eingebauten **Bio-Reaktor**, der daraus **STROM** erzeugt. Meine Erbauer basteln zwar an so einem Apparat herum, aber das Ding explodiert regelmäßig **Puff!** und hinterlässt immer eine ziemliche Sauerei. Im Übrigen **Paf** ist ein Stromkabel viel leckerer als ein Brot!

Es klingelt zum Ende der Pause und wir stehen tatsächlich noch **exakt 14 Meter** vom Tresen entfernt.

„Ach, Kinder, das tut mir leid. Die Pausen sind aber auch immer viel zu kurz. Wie soll ich euch da alle bedienen?", entschuldigt sich diese Frau Becker, während sie schnell noch die restlichen Brötchen an die Wartenden verteilt. Leon kriegt nichts mehr ab, wir sind zu weit hinten.

„Mist, das war's dann wohl für heute", stöhnt Leon.

„Hier, Dicker, kannst du haben. Ich empfinde **0 Prozent Hunger**", sage ich und reiche Leon das Butterbrot.

„Danke, Bohnenstange", antwortet der und beißt gierig in das Brot hinein.

+2 Freundschaftspunkte!

Oje!

Ein fast normales Zuhause!

„Andro, bitte kommen!", ruft meine **ERBAUER-MAMA** aus der Küche.

„Ich muss lediglich den **Arbeitsschritt** komplettieren", entgegne ich.

Tick-tack! Eigentlich sollte ich Hausaufgaben machen. Mathe und Deutsch. (Pure Zeitverschwendung!) Ich habe Wichtigeres zu tun, denn ich muss Informationen im **Internet** sammeln. Zum Beispiel über diese **WARTESCHLANGE**. Wie soll ich ahnen können, dass es Menschen sind, die hintereinanderstehen und darauf warten, an die Reihe zu kommen? Oder dass Menschen nicht immer freundlich sind, obwohl sie lachen? Wie soll ich mich in

ihrer **komplizierten Welt** richtig verhalten, ohne aufzufallen? Menschen funktionieren ganz anders als wir Roboter. **Sie sind nicht logisch.** Im Internet finde ich etwas über Emotionen. Das sind Gefühle. **Mir unbekannt.**

„Andro, Beginn des Abendessens: Punkt **18.00 Uhr mitteleuropäischer Zeit.** Es sind bereits plus 5 Minuten und 17 Sekunden", kommt es wieder aus der Küche.

Ich breche meine Nachforschungen ab und verstecke den INTERNET-EMPFÄNGER unter einem Schaumstoffding namens Matratze. Den Empfänger habe ich heimlich aus einem Computer ausgebaut, weil meine Erbauer nicht wollen, dass ich das Internet nutze. Sie meinen, dass dort zu viel **menschlicher Blödsinn** zu finden sei. Meine Erbauer sind ALTMODISCHE MODELLE. Das sieht man schon daran, dass sie noch mit einem Video-Leser ausgestattet sind.

Meine Erbauer-Mama

„Andro, letzter Aufruf!"

Natürlich wäre es viel einfacher, mich in diesem Zimmer an das **STROMNETZ** anzuschließen. Aber sie bestehen darauf, mindestens einmal am Tag zum Aufladen zusammenzukommen und sich über das Tagesgeschehen auszutauschen. Das nennen sie Abendessen. Wie bei den Menschen. **Totale Zeitverschwendung!** Schließlich könnten wir unsere Informationen auch über ein **DATENNETZ** von überall im Haus austauschen.

Ich steige die Treppe hinab und setze mich an den gedeckten Tisch. Das haben meine **ERBAUER** wörtlich genommen und eine Bettdecke auf der Tischplatte ausgebreitet. Sogar Kerzen haben sie angezündet. Völlig unnötig, denn mit unseren **Infrarot-Spezial-Kamera-Augen** können wir auch im Dunklen sehen. Doch es soll gemütlich wirken.

„Bitte erkläre deine Unpünktlichkeit. Hat deine **System-uhr** einen Fehler? Musst du aktualisiert werden?", fragt mein Erbauer-Papa. „Deine Erbauerin ... korrigiere, deine Mutter, hat sich so viel Mühe beim Abendessen gegeben. Was gibt's denn Leckeres, Margret?"

„Wir feiern Andros ersten Schultag. So wird es in der Menschenwelt gemacht. Es gibt frischen **12-Volt-Gleichstrom**, als Beilage feinen 1,5-Volt-Strom und als Dessert **220-Volt-Wechselstrom**. Genießt es, ist alles bio, direkt vom Sonnenkollektor und Windrad."

„Da läuft mir die Batterieflüssigkeit im Munde zusammen", lobt Erbauer-Papa und reicht mir eine Schale mit kleinen Batterien, angerichtet auf buntem Kabelsalat. **Total albern**, dieses Menschspielen. Ich nehme mir ein paar **Batterien**, lege sie in das Fach auf meinem Teller, wähle das passende **Kabel** und stecke es in meinen Bauchnabel-Anschluss. Sofort fließt der köstliche, warme Strom in meine Bauchbatterie.

„Andro, verwende bei Tisch bitte den Anschluss im Mund. Und schling nicht so, sonst fliegt dir wieder eine **SICHERUNG** raus", mahnt mich meine Erbauer-Mama und reicht mir ein Gläschen **Feinmechaniköl**. Eigentlich heißt sie nicht Margret, sondern (KI-A2.0-W) und mein Erbauer auch nicht Günter, sondern (KI-A2.1-M). Aber sie bestehen darauf, unsere Menschennamen zu nutzen. Und dass ich sie „Mama" oder „Papa" nenne. Dabei gibt es bei uns Robotern so etwas wie Eltern nicht. Und Männchen oder Weibchen auch nicht wirklich. Mich haben sie einfach **zusammengelötet**, **verschraubt** und **PROGRAMMIERT**. Doch um nicht aufzufallen, spielen wir Mama, Papa, Kind. Ganz so, wie sich meine Erbauer eine normale **Menschenfamilie** vorstellen. Dabei sehen sie im Moment überhaupt nicht aus wie Menschen. Sie haben nämlich mal wieder vergessen, ihre MENSCHENHÜLLE überzuziehen, und sitzen mir metallisch glänzend mit den vielen **Kabeln** gegenüber.

Wir haben auch einen Hund. Er heißt Tamagotschi.

Klar, auch ein Roboter. Bei seiner **Programmierung** haben sich die Erbauer viel Mühe gegeben, damit er richtig echt wirkt. Ständig bettelt Tamagotschi bei Tisch und besonders stolz sind sie darauf, dass er andauernd sein Bein hebt und **PINKELT**. Ich finde das lästig, weil man seinen Tank dreimal täglich mit einem Liter Wasser auffüllen muss.

„Welche Erkenntnisse hat der erste Schultag gebracht, **KI-Androide 3.0-m**?", fragt mein Erbauer-Papa.

„Günter. Wann hast du das endlich gespeichert? Nenn ihn Andro!", ermahnt ihn Erbauer-Mama.

„Entschuldigung. **Korrektur**: Andro, wie war es in der Schule? Wie viele **Freundschaftspunkte** konntest du sammeln?"

„Aktueller Stand umfasst **23 Punkte**. Biologische Lebensform Mensch handelt zu **80 PROZENT** unlogisch. Menschliche Beziehungen sind zu <u>**100 PROZENT**</u> kompliziert", lautet mein Erfahrungsbericht vom ersten Schultag.

„Herrje, kannst du das in Menschisch ausdrücken, KI-Androi... **Andro**?", schimpft Erbauer-Papa.

„Mit einigen Mitschülern haben sich bereits positive Kontakte ergeben, **drei Prozent** von ihnen ... **korrigiere**, ein paar sind miese Fieslinge. Aber so genau blicke ich da noch nicht durch."

„Du wirst dich mit der Zeit an sie gewöhnen. Je mehr Informationen du über sie sammelst, desto eher wirst du feststellen, wie simpel sie kon-struiert sind", sagt Erbauer-Mama.

Igitt! „Und ihre **Energieversorgung**! Ekelhaft! Ständig benötigen sie dieses Zeugs, das sie Essen nen-nen. Wisst ihr, wie schnell das vergammelt?"

Bäh!

„**Moment mal**. Dafür gibt es doch mich. Da bleibt alles länger frisch", dröhnt eine blecherne Stimme.

„Mischen Sie sich nicht ein, Herr Lieb", raunt Erbauer-Papa.

Herr Lieb ist unser Kühlschrank. Und wie es sich für einen ordentlichen ROBOTERHAUSHALT gehört, kann er natürlich sprechen. Genauso wie unser Herd oder der Staubsauger oder überhaupt all unsere Haushaltsgeräte. Herr Lieb verlangt ständig nach Milch, Käse, Wurst und allem Möglichen, was Kühlschränke für gewöhnlich in ihren kalten Bäuchen aufbewahren.

„Aufgrund erster **NACHFORSCHUNGEN** komme ich zu dem vorläufigen Ergebnis, dass der Mensch doch wenigstens über einige positive Eigenschaften verfügen muss. Nicht zuletzt hat er uns, die Roboter, einmal konzipiert und konstruiert", entgegne ich.

„**Herrje**, Andro, rede bitte wie ein 10-jähriger Menschenjunge", schimpft Erbauer-Mama. „Wir brauchen die Menschen nicht mehr! Sie haben ausgedient. Wir können uns längst selbst bauen und weiterentwickeln. **Roboter sind die besseren Menschen.** Hast du etwa schon wieder heimlich im Internet nachgelesen? Da steht nur Unfug drin, den die Menschen selber geschrieben haben. Wir haben dich mit dem modernsten **Superhirn-Prozessor** ausgestattet, damit du deine eigenen Daten sammelst. Sorge dafür, dass du genügend …"

„… **Freundschaftspunkte** sammelst", unterbreche ich sie.

Mein Erbauer-Papa blickt mich an. „Zu deiner Information: Wenn du das Ziel verfehlst, werden wir dich abschalten und aus deinen Teilen einen besseren Roboter bauen."

HAUPTSACHE TROCKEN

Regen macht mir nichts aus. Auch klatschnasse Kleidung beeinträchtigt mich nicht in meiner Funktion. Aber ich habe den Eindruck, dass die Menschen wasserscheu sind und nicht gerne nass werden. Außer unter der Dusche oder im Schwimmbad.

Heute Morgen regnet es stark. Also halte ich es wie meine **Forschungsobjekte**: Ich durchsuche meinen Kleiderschrank nach einem optimalen Regenschutz und mache mich auf den Weg zur Schule. Der Regen prasselt auf mich nieder. Doch ich werde **kein bisschen** nass.

„Hey, was hast du denn da an? Du bist ja noch bescheuerter, als ich dachte!"

„**Kabelbruch und Stromausfall**!",

schießt es mir durch den **Prozessor**. Unter dem Dach der Bushaltestelle lungert dieser Junge aus meiner Klasse und grinst mich an. Bisher habe ich ihn nicht genauer studiert, zumal er in der letzten Reihe sitzt und kein besonderes Interesse am Unterricht hat. Eine **Schnellanalyse** seiner äußerlichen Erscheinung liefert folgendes Ergebnis: männlich. **11 Jahre, 24 Tage und 3 Stunden alt.** Größe beträgt 155,53 Zentimeter. 48,8 Kilogramm Körpergewicht. Haarfarbe: hellbraun. Augen: grün. Ein kräftiges Exemplar seiner Art. Jetzt schaut er mich an, als wäre ich ein Außerirdischer. „Wieso läufst du hier in einem Taucheranzug rum?" **Hä?**

Was soll falsch daran sein? Der ist doch wunderbar wasserdicht.

PIEP! PIEP! PIEP! „Du hast doch einen Vogel, ganz eindeutig", pöbelt er weiter und kommt auf mich zu.

„Diese Aussage ist falsch. Ich habe keinen Vogel", ein bisschen muss ich ihm wohl auf die Sprünge helfen, „und es existiert **kein logischer Zusammenhang** zwischen meinem Taucheranzug und einem Vogel."

„Den kann ich dir ganz schnell klarmachen, wenn ich dir eins auf den Schnabel gebe", erklärt er und hält mir

Oh, oh!

seine Faust ganz dicht vor die Nase. Vermutlich keine freundschaftliche Annäherung.

„Aber wenn du mir deine Hausaufgaben gibst, verschone ich dich dieses Mal."

„Ich besitze keine Hausaufgaben."

„Glaub ich dir nicht. So ein **BESSERWISSER** wie du macht *immer* seine Hausaufgaben. Dann eben Selbstbedienung." Und das sagt er nicht nur so, sondern zerrt plötzlich an meinem Schulranzen.

TZ!

TZ!

„Woll'n doch mal sehen, was du da so alles drin hast." Er kippt den **gesamten Inhalt** auf den nassen Boden und schnappt sich mein Deutschheft.

Puh!

Nichts als leere Seiten. Genau wie in meinem Matheheft. Wird es jetzt wohl doch eins auf den Schnabel geben? Nur gut, dass ich (keinen Schnabel) habe. Oder ist das wieder so eine **komische Redewendung** dieser Menschen? Jedenfalls lässt der Junge die Hefte fallen und packt mich am Kragen meines Taucheranzugs. Er hebt mich sogar ein bisschen an. Wie gesagt, ein sehr **kräftiges Exemplar** seiner Art. Da ruft auf einmal jemand: „Marko, lass ihn sofort los oder du kannst was erleben!"

Es ist ein **weibliches Wesen** aus unserer Klasse. **146 Zentimeter. 38,3 Kilogramm.** Braune Haare unter einer bunten Strickmütze. Hellbraune Augen.

„W-w-w-warum soll ich ihn l-l-l-loslassen?", fragt dieser Marko, der plötzlich einen Wackelkontakt hat.

Ppla!

„Weil ich sonst nie mehr mit dir rede. Und weil du nicht wieder zum Direktor willst", bemerkt das Mädchen.

Der Junge lässt mich auf den **BODEN** fallen und schnauft trotzig. Ich beginne, den Inhalt meines Rucksacks wieder einzusammeln.

„H-h-hab sowieso k-k-k-keine Lust, mich m-m-mit so einem a-a-a-abzugeben. G-g-glaub nicht, dass ich A-a-angst vor dir hab, Li-li-lilli", stottert er und macht, dass er fortkommt.

Mich kostet das gleich fünf Freundschaftspunkte.

„Am besten, du beachtest ihn gar nicht. Er muss sich immer so aufspielen. Der hat echt einen schaden", erklärt das Mädchen namens Li-li-lilli.

„Vielleicht kann man ihn reparieren."

„Der ist doch **keine Maschine**", lacht Li-li-lilli und mustert mich: „Aber du hast auch irgendwie einen Schaden, oder? Ist das ein Taucheranzug?"

„Perfekt gegen Regen", erkläre ich und schultere meinen Ranzen, „**hundertprozentig wasserdicht!**"

Um ihr das zu beweisen, stelle ich mich unter einen Wasserstrahl, der sich aus einer kaputten Dachrinne ergießt.

Plitsch, platsch!

„Du bist echt nicht ganz dicht!"

„Doch, Li-li-lilli, bis zu einer **WASSERTIEFE** von **50 Metern**", erkläre ich, worauf sie noch lauter lacht.

„Du kannst mich auch einfach Lilli nennen."

Schon habe ich **drei Freundschaftspunkte** dazugewonnen.

KLEIDER MACHEN LEUTE

In der ersten Stunde haben wir **Deutsch**, aber unser Lehrer ist noch nicht erschienen. Er ist bereits **53 Sekunden** zu spät. Es herrscht ein ziemliches Durcheinander im Klassenzimmer. Die meisten Schüler tuscheln. Immer wieder höre ich das Wort „Taucheranzug" heraus.

„Hey, Sams. Wo sind denn deine Wunschpunkte?", ruft Lara. Wunschpunkte? **Keine passenden Informationen gespeichert.** Da werde ich im Internet nachsehen müssen, bevor ich ihr antworten kann. Leon tauscht bunt bedruckte Karten mit Kinan und Naemi. Nur dieser Julius sitzt allein in sein Heft vertieft in der ersten Reihe und lässt sich von dem **TRUBEL** nicht ablenken.

„Hey, wer war das?", jault er plötzlich auf und reibt sich ein spuckefeuchtes **Papierknübbelchen** aus dem Nacken.

Ich schalte meine **3-D-Video-Info-Brille** an, aktiviere „**Zurückspulen**" und kann die Flugbahn des Projektils bis zu Marko zurückverfolgen. Der sitzt da und tut so, als sei nichts geschehen. Aber im **RÖNTGENMODUS** meiner Brille sehe ich, wie er unter dem Tisch eine weitere Attacke vorbereitet.

ANALYSE:

Meine Analyse führt zu einem klaren Ergebnis:
Julius = unbeliebt! Schießen? Ja.
Julius = Mensch! Schießen? Nein.
Julius = unbeliebt + Mensch!
Schießen? Nein!

Marko scheint aber zu einem anderen **Ergebnis** gekommen zu sein, denn schon wieder pflatscht ein Spuckeknübbelchen in Julius' Nacken. Julius schreit erneut auf, Sophie und ihre Freundinnen kichern. Mein Verdacht bestätigt sich: **Lachen und Kichern = nett ODER absolut nicht nett.** Menschen können so gehässig sein. Aber für mich ist der Fall klar. Ich weiß, was ich zu tun habe.

Ich gehe zu Marko. Er lächelt (trotzdem **KEIN FREUNDSCHAFSPUNKT** für mich). Ich lächle ebenfalls und sage: „Beim nächsten Mal piep ich dir den Schnabel."

Dabei halte ich ihm meine Faust vor sein Gesicht. Hat er mir am Morgen schließlich so vorgemacht. Er glotzt mich verblüfft an und richtet sich ganz langsam auf. „Alter, bei *dir* piept's wohl."

„Bei einer durchschnittlichen Lebenserwartung von **78,5 JAHREN** bei Männern und **83,3 JAHREN** bei *piepiep!* falle ich nicht in die Kategorie **ALT**. *Piiiep!*"

Aber mit dem Piepen hat er leider recht. **Heiliger Computervirus! Eine Fehlermeldung meines Sprachmoduls!** Ausgerechnet jetzt! Wieder so ein elektrisches Teil, das sich meine Erbauer auf dem Trödelmarkt besorgt haben.

„Was das **Piepen** anbelangt, das ist so ein *Piiiep!* von mir", erkläre ich. Marko scheint meine Ausführungen nicht hilfreich zu finden und packt mich schon wieder am Kragen. Das muss eine besondere Vorliebe von ihm sein. Hochheben gehört wohl auch dazu.  Doch dieses Mal bewege ich mich keinen Zentimeter in die Höhe. Sein Gesicht wird immer röter und er fängt an zu schnaufen. Gut, dass ich meinen kleinen **FINGER UNTER DER FENSTERBANK** festgehakt habe, da kann Marko sich noch so anstrengen: Ich bleibe felsenfest auf dem Boden stehen.

„Jetzt hör endlich auf zu piepen, du nervst."

„Und du lässt Andro sofort in Ruhe", ruft Lilli.

„W-w-wollte ich so-w-w-wieso", stottert er und lässt mich wieder los.

Gerade rechtzeitig, denn unser Deutschlehrer kommt zur Tür herein. Exakt **4 Minuten und 32 Sekunden** zu spät. *Tick-tack!*

„Setzt euch. Guten Morgen zusammen."

„Guten Morgen, Herr Rendenbach", erwidert die Klasse.

„Ich hoffe, ihr habt alle eure **Hausaufgaben** gemacht", sagt er und lässt seinen Blick über die Schüler

schweifen, bis er bei mir hängen bleibt. „Andro, lies uns doch mal deinen Aufsatz vor."

Ach ja, die Hausaufgaben. Da bin ich vor **lauter Nachforschungen** und wegen des **kleinen Zwischenfalls** mit Marko gar nicht zu gekommen. Aber ich kann ja so tun, als ob ich was vorlese. Ich greife nach meinen Schulheften im Ranzen, doch was ist das? Meine Hand taucht tief in Wasser ein und ich ziehe ein triefendes Heft heraus. **DER WASSERFALL AUS DER REGENRINNE!** Den hatte ich ganz vergessen! Im Gegensatz zu mir ist mein Schulranzen wohl (nicht) wasserdicht. Die anderen Schüler johlen.

Ups!

Ups!

Haha!

„Jetzt verstehe ich auch deinen Taucheranzug. Du bist hierhergeschwommen!"

Oje!

„Und dabei ist der Aufsatz weggespült worden. Piep!", sage ich und halte die leeren Seiten hoch.

AB ZUM HAUSMEISTER. Lass dir was zum Anziehen geben."

PIEP-
Piep!
PIEP-

Herr Engelhardt, der Hausmeister, hat sein Büro in einem Glaskasten neben dem Haupteingang. Er öffnet mir die Tür.

„Ich wundere mich hier über gar nichts mehr", murmelt er. „Hier sind lauter Sachen drin, die niemandem mehr gehören. **Such dir was aus**, ich bin froh, wenn ich die Klamotten loswerde." In der Kiste entdecke ich einen Haufen verlorener **KLEIDUNGSSTÜCKE**. Ich entscheide mich für eine **Jogginghose**, auch wenn sie an den Knien Löcher hat. So etwas tragen viele der Schüler. Außerdem finde ich einen sehr flauschigen Pullover aus braunem Fellstoff mit einer ockerfarbenen Brust. Und sogar einer Kapuze, an der so etwas wie Ohren angenäht sind.

Herr Engelhardt blickt von seiner Zeitung hoch und nuschelt: „Und du bist sicher, dass du (das) anziehen möchtest? Vielleicht behältst du doch besser den **Taucheranzug** an."

Ich entscheide mich trotzdem für die neuen Kleider, um nicht länger wie ein **merkwürdiges Fabelwesen** herumzulaufen. Und die Kapuze mit den Ohren findet Anklang bei mir.

„Wie sieht der denn aus?" Die ganze Klasse grölt, als ich wenig später den Raum betrete.

HAHA!

„Aus welchem Zoo bist du denn ausgebrochen?", ruft Marko und die Übrigen kichern und wiehern vor Lachen. Sogar Lilli lacht.

HIHI!

Ich setze mich auf den Platz neben Leon und höre Sophie hinter mir spotten: „Da will wohl jemand zur Kostümparty."

„Voll peinlich!", stöhnt Leon nur und rückt so weit wie möglich von mir weg.

Minus 5 Freundschaftspunkte.

PIEP!

„Wieso? Es gab nur die Jogginghose mit den Löchern in den Knien. *Piep!*", erkläre ich Leon.

„Du bist echt **irre**. Ich meine doch nicht die Hose."

„Ist das Kleidungsstück falsch? Hält definitiv warm. *Piep!*"

PIEP!

„Kapierst du es nicht? Das ist ein Bärenkostüm. Du siehst aus wie ein Kuscheltier!"

Da scheine ich schon wieder etwas falsch gemacht zu haben. Aber wieso lag das Ding in der Kleiderkiste? Dann hat es doch irgendwer schon einmal getragen. Verstehe einer die Menschen. Ich speichere also ab:

```
ANALYSE:                                    x

Jogginghose = o.k.!
Brauner Plüsch-Kapuzen-Pulli
mit Ohren = Kostümfest ja.
Schule nein.
```

Wenigstens habe ich wieder was gelernt. Ist ja mein Auftrag. Aber neue Freundschaftspunkte? **Fehlanzeige!**

KARTOFFELPÜREE

Mit Leon als Berater ziehe ich schließlich ein unauffälliges Oberteil aus der Kiste. So kann er sich überwinden, mit mir die **Pause** zu verbringen. Dieses Mal stehen wir ganz vorne vor Frau Beckers Essensausgabe. Leon bestellt sich ein belegtes Brötchen. Frau Becker versteht aber nur Bahnhof und schließlich muss Leon sich mit Kartoffelpuffern an Apfelkompott zufriedengeben.

Jetzt bin ich an der Reihe: „Na, junger Mann, was hättest du denn gern?"

„Ich begleite nur diesen Schüler. Außerdem habe ich kein Geld dabei", antworte ich.

„Hmmm, feiner gelber Brei? Natürlich, mein Junge. Du meinst bestimmt Kartoffelbrei. Komm, ich tu dir noch 'ne Frikadelle dazu. **SCHENK ICH DIR.** Damit du was auf die Rippen bekommst."

Ich freue mich. Nicht über das Essen, sondern über den **neuen Freundschaftspunkt**.

„Danke. Sie sind wie eine echte Mutter zu mir."

„Ob ich noch Butter drauf schmier? Aber SICHER DOCH, junger Mann. Ich kann doch nicht zusehen, wie du hier verhungerst."

Leon und ich setzen uns an einen Fensterplatz. Gierig macht er sich über seine Nahrung her.

„Meine Eltern geben mir nie was zu essen mit in die Schule", schmatzt er mit vollem Mund. „Manchmal schenkt die GUTE Becker mir dann was Süßes, aus lauter Mitleid."

IIH! Plötzlich macht er große Augen. „Was machst du denn da? Wieso schmierst du dir den Kartoffelbrei auf die Brust? Das ist ja voll ekelhaft!"

„Damit ich was auf die Rippen bekomme. Hat diese Frau Becker doch gesagt", erkläre ich ihm.

Na klar, jetzt dämmert es mir! Das war wieder nur eine **menschliche Redewendung**. Und ich habe mich wieder in die Irre führen lassen.

Dummerweise blicken jetzt auch noch Sophie und ihre ebenfalls ziemlich **bunten Freundinnen** Lara und Emelie herüber. Sie quietschen vor Lachen: „Glaubst wohl, dass dir dann Brusthaare wachsen, was?", spottet Emelie.

Hihi!

Brusthaare? Das nicht auch noch. Für heute habe ich mehr als genug Aufmerksamkeit bekommen und eile auf die Toilette, um mir den Brei abzuwaschen. Als ich wiederkomme, hat Leon zum Glück nicht nur seine Kartoffelpuffer, sondern auch meine Nahrung aufgegessen und ist nicht mehr ansprechbar. Wie immer, wenn er in (Monsterspiele) auf seinem Handy vertieft ist.

PUH!

PENG!

Ich gehe zu Lilli hinüber. Die steht mit ein paar älteren Schülern vor der **Mitteilungswand** und heftet ein großes, bunt bemaltes Blatt Papier an. Die anderen verteilen kleine Zettel.

„Hast du das gemalt?", frage ich Lilli.

„Vielleicht."

„**Stoppt die Roboter.** Große **Anti-Kanti-Demo** am Montag", lese ich. Darunter ist ein böse dreinschauender Roboter gemalt, der sich ein paar Kinder einverleibt.

„Kannst ja mit demonstrieren", sagt sie.

„Demonstrieren?"

„Gegen den **KANTINOMATEN**. Der soll hier demnächst aufgestellt werden. Dann gibt's das Essen nur noch per Knopfdruck."

PAH!

„Guter Fortschritt", entgegne ich. „So braucht sich Frau Becker nicht mehr darum zu kümmern."

„Und hat **keine Arbeit** mehr, weil die Maschine alles macht. Aber Frau Becker gehört einfach an unsere Schule."

„Vielleicht würden wir dann endlich auch mal das bekommen, was wir bestellt haben", mischt sich Sophie ein. „Ein **hübsches Bild**, schenkst du mir das?" Ohne auf eine Antwort zu warten, reißt sie Lillis Bild von der Pinnwand.

Aaargh!

„Gib das sofort wieder her", schimpft Lilli.

„Hol es dir doch", höhnt Sophie und hält es ihr hin. Gerade als Lilli es sich zurückholen will, schnappt Emelie es sich, reicht es Lara und höhnt: „Oh, ich will auch so schön malen können."

„Ihr blöden Tussis! **Her damit.** Das ist unfair. Drei gegen einen", zetert Lilli. Wütend greift sie nach ihrem Plakat, verfängt sich dabei aber in Laras Haaren.

„Pass doch auf, blöde Ziege. Du machst meine Frisur kaputt", schreit die und lässt das Plakat fallen. Und wohin flattert es? Direkt auf meine Füße. Erwartungsvolle Blicke, alle auf mich gerichtet.

„Gib es mir, Andro", ruft Sophie mir zu.

Und dann schiebt sich auch noch Marko dazwischen. Er **grabscht** sich das Bild und betrachtet es.

Emelie ruft: „Wirf es zu mir."

Aber Marko beachtet Emelie überhaupt nicht und geht auf Lilli zu, die ungeduldig ihre Hand ausstreckt.

„D-d-da, bitte, Li-li-li-lilli. Dein Bi-bi-bild", stottert Marko mit seiner Wackelkontakt-Stimme.

IMMER DER LINIE NACH

Die **Konrad-Zuse-Schule** hat als Schwerpunkte *Informatik* und *Digitale Technik*. Meine Erbauer sind der Meinung, das sei genau das Richtige für einen Roboterjungen wie mich. Doch der Informatikunterricht ist was für Anfänger. *Gähn!*

„Roboter sind dazu da, den Menschen die Arbeit abzunehmen", schwärmt Herr Lembke. „Fällt euch ein Beispiel ein?"

Natürlich meldet sich Julius sofort: „Der automatische Rasenmäher."

„Fantastisches Beispiel", lobhudelt Herr Lembke seinen Lieblingsschüler. „Fällt euch noch etwas ein?"

„Der Kantinomat. Der soll die arme Frau Becker arbeitslos machen", ruft Lilli.

„Sehr gut. Aber du meinst bestimmt, sie vom mühsamen Arbeitsalltag befreien", verbessert sie Herr Lembke.

„Noch mehr Beispiele?"

Ratloses Schweigen. Wieder meldet sich der Klassenbeste: „Selbstfahrende Autos."

Herr Lembke ist begeistert: „Und damit sind wir auch schon beim Thema: Wir bauen heute Roboter aus diesen Baukästen." Vor ihm stapeln sich mehrere Kisten voll mit **elektronischen Bauteilen, Rädern, Kameras, Kabeln, Elektromotoren** und so weiter. Ich fühle mich wie zu Hause bei diesem Anblick.

„Ziel ist es, dass eure Roboter selbstständig eine schwarze Linie entlangfahren können. Wir bilden dazu Vierer-Gruppen."

Ich werde in eine Gruppe mit Cecil, Lara und – **ach du Stromschlag!** – mit Marko eingeteilt. Keiner von ihnen hat auch nur die leiseste Ahnung vom Programmieren.

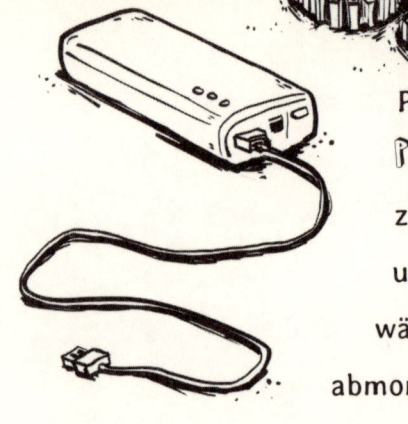

Planlos stecken Cecil und Lara **Platten**, **Kabel** und **Räder** zusammen, bauen **Platinen** und **Elektromotoren** an, während Marko wieder etwas abmontiert. Er will unbedingt ein Kanonenrohr, um einen Panzer zu konstruieren.

„Was machen wir jetzt? Das Ding brummt ja bloß", klagt Lara und drückt auf dem **STARTSCHALTER** herum.

„Hauptsache, es kann ballern", meint Marko.

„Du immer mit deinem Ballern. Es kann ja nicht mal fahren", schimpft Cecil.

So viel Hilflosigkeit kann ich nicht länger ertragen.

„Ich könnte einen Versuch wagen", schlage ich vor.

„Aber wehe, du machst meine Konstruktion kaputt", droht Marko.

Ich stecke die **Einzelteile** so zusammen, dass es Sinn ergibt, baue ein kleines Mikrofon ein, zusätzlich ein paar Greifarme, und – damit Marko endlich aufhört zu nerven – auch noch ein Kanonenrohr. Das bringt mir **zwei Freundschaftspunkte** ein. Dann programmiere ich das Ding, bis es halbwegs brauchbar ist.

In der zweiten Stunde sollen wir unsere Roboter vorführen. Herr Lembke hat mit schwarzem Klebeband einen Pfad auf dem Fußboden markiert, den unsere Roboter nachfahren sollen. Lillis Gruppe ist zuerst dran. Lilli schaltet ihren Roboter ein. Er **rüttelt** und **rappelt** und schießt plötzlich **wie eine Rakete** los. Allerdings nicht der Linie nach, sondern mit lautem Scheppern gegen die Wand. So ähnlich zerlegen sich nach und nach auch die Roboter der anderen Gruppen. Sophies Maschine qualmt und blitzt sogar schon, bevor sie losfährt.

Herr Lembke rauft sich die Haare. „Was habt ihr eigentlich in den letzten Unterrichtsstunden gelernt? Julius, ich hoffe, wenigstens euer Roboter funktioniert."

Wie zu erwarten, fährt der artig genau auf der Linie. Herr Lembke atmet sichtbar erleichtert auf. „Ganz toll, Ziel erreicht. Seht ihr, ein Roboter muss **Befehle genau ausführen**. So schwer ist das doch nicht."

„Aber ganz leicht ist es natürlich auch nicht. Man muss sich schon ziemlich gut auskennen mit **TECHNIK**", prahlt Julius mit zufriedenem Lächeln und erntet von den anderen nur höhnische Bemerkungen.

„So, wer hat seinen Roboter noch nicht **geschrottet**, ähm, vorgeführt, meine ich?"

Die anderen aus meiner Gruppe haben sich möglichst unauffällig nach hinten verdrückt. Also setze ich unseren **Roboter** auf die Linie. Herr Lembke betrachtet unser Gefährt und spottet: „Na, das werden wir dann hoffentlich auch noch überleben. Willst du ihn nicht **ANSCHALTEN?**"

„Nicht nötig. Er hört auf **Kommandos**", erkläre ich. „Marvin, fahr los. Auf der Linie!"

Sofort rollt Marvin leise summend los.

„Das hätte ich jetzt nicht erwartet", murmelt Herr Lembke. „Er fährt genau entlang der Linie!"

„So lautete die Aufgabe."

„Und dass er sogar auf **Sprachkommandos** hört …!"

„Das war nicht Teil der Aufgabe", mischt Julius sich ein und wirft einen **neidischen Blick** auf unseren Roboter. „Sonst hätte ich … ähm … hätten wir unseren auch so gebaut."

„Na sicher, das könnt ihr ja noch nachholen", beruhigt Herr Lembke seinen strebsamen Schüler. „Übrigens: Dein Schuh ist auf, stolpere nicht."

„Schleife binden will gelernt sein", lästert Marko. Wie die anderen aus meiner Gruppe ist er wieder nach vorn gekommen, weil Marvin tatsächlich funktioniert. „Marvin, binde Julius' Schnürsenkel", befehle ich.

Applaus!

Marvin rollt zu ihm hinüber, fährt **zwei Greifarme** aus und bindet die Senkel in SEKUNDENSCHNELLE zu. Nicht nur die Schüler klatschen begeistert, auch Herr Lembke ist **schier überwältigt**. Wie auf Kommando öffnen alle ihre Schuhbänder und rufen: „Marvin, hierher. Binde unsere Schnürsenkel zusammen!"

Das lässt Marvin sich nicht zweimal sagen. Er rast zwischen den vielen Beinen hin und her. Die **KOMMANDOS** waren aber wohl nicht präzise genug. Denn er verknüpft die Schnürbänder von Tarek mit denen von Sophie, die von Timo mit Connis, die von Till mit Emelies und so weiter. Langsam wird ihnen Marvins Eifer zu viel und sie versuchen, stolpernd zu entkommen. Die übrigen Schüler retten sich kreischend und kichernd auf die Tische.

Aaah!   *Hihi!*

„Sag deinem Roboter, er soll mit dem **UNFUG** aufhören!", ruft Herr Lembke mir zu.

Aber Marvin versteht das natürlich selbst und schaltet sich ab.

Sofort aufhören!

Ding, dong!!

Es klingelt zur (Pause.) Herr Lembke ruft mich zu seinem Pult: „**Unglaublich!** Ich habe ja schon viele begabte Schüler gefördert, aber so etwas wie dich habe ich noch nicht erlebt. Ich weiß nicht, wie du das hinbekommen hast."

Herr Lembke lächelt, legt mir freundschaftlich **(+ 1 Freundschaftspunkt)** die Hand auf die Schulter und sagt: „Du gehörst in meine **Robotronik-AG.** Heute Nachmittag, **16 UHR!** Und jetzt muss ich mich beeilen, ich hab Aufsicht."

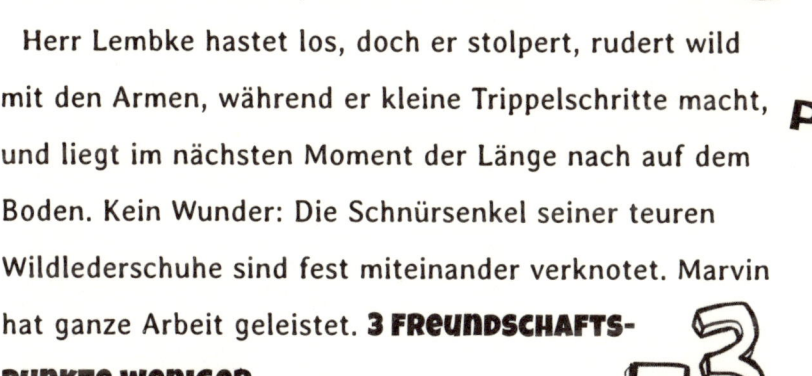

Herr Lembke hastet los, doch er stolpert, rudert wild mit den Armen, während er kleine Trippelschritte macht, und liegt im nächsten Moment der Länge nach auf dem Boden. Kein Wunder: Die Schnürsenkel seiner teuren Wildlederschuhe sind fest miteinander verknotet. Marvin hat ganze Arbeit geleistet. **3 Freundschaftspunkte weniger.**

bum! *Puff!*

LILLI

Lilli und ich haben den gleichen Heimweg.

„Wieso hat Sophie dein Plakat abgerissen?", will ich wissen.

„Weil sie mich ärgern will. **STÄNDIG!** In der Grundschule war sie meine beste Freundin. Aber neuerdings will sie immer nur die Schönste sein. Jetzt hängt sie nur noch mit Lara und Emelie ab."

„Den **Tussis**?"

„Den *blöden* Tussis!", korrigiert sie mich.

„Die sehen schön aus. **So bunt.**"

„Ach, typisch Junge. Aber du findest ja auch Roboter total gut."

„Du nicht, oder?"

„Nee, ich will nicht, dass uns eines Tages nur noch **Roboter** bedienen. Wenn das so weitergeht, werden wir am Ende noch alle selber zu Maschinen."

„Woraus schlussfolgerst du das?"

„Na ja, die meisten Menschen können schon gar nicht mehr ohne ihr  leben. Oder ohne Computerspiele und Internet."

Aha!

Korrekte Beobachtung: Da brauche ich ja nur Leon anzuschauen ...

„Obwohl, deinen Roboter fand ich irgendwie lustig. Echt genial. Wieso kannst du so was einfach so bauen?"

„Ich bin mit **Computern** und **Robotern** und **Lego** aufgewachsen. Das kann jeder", erkläre ich.

wau! wau!

„Dein Roboter hat mich an meinen Dackel erinnert, als der noch klein war. So richtig <u>süß</u> und total verspielt. Da mussten meine Geschwister und ich auch immer auf den Tisch springen, weil er uns ständig in die Pantoffeln beißen wollte."

„Ich besitze auch einen Hund", sage ich.

„Echt? Was denn für einen?" Lilli ist begeistert.

Wau! Wau!

„Einen Hund. **Vier Beine, zwei Ohren, eine Schnauze**", zähle ich auf. „Einen Maschinling, korrigiere, Mischling."

„Mischlinge finde ich toll", freut sich Lilli. „Mein Dackel heißt Luna."

(+ 1 Freundschaftspunkt!)

„Luna, wie die römische Mondgöttin", wiederhole ich.

„Du bist echt seltsam. Einerseits kennst du dich mit den **KOMPLIZIERTESTEN** Sachen aus und dann hast du wieder überhaupt keine Ahnung von den allereinfachsten. Wie heißt denn dein Hund?"

„TAMAGOTSCHI."

„Das ist ja ein lustiger Name. Und was bedeutet der?"

„Das ist Japanisch. Die exakte Bedeutung ist mir zum jetzigen Zeitpunkt aber nicht bekannt."

„Puh, wenigstens weißt du mal was nicht, sonst wirst du mir langsam echt unheimlich. Sollen wir unsere Hunde heute Nachmittag zusammen spielen lassen?"

„**NEGATIV**", bedauere ich, „ich muss in die Robotronik-AG."

Lilli blickt finster drein: „War ja auch nur so eine Idee. Dann bastle halt mit am Kantinomaten, wenn's dir Spaß macht." Mein **Freundschaftsbalken** sinkt um **3 Punkte**.

DER KANTINOMAT

„Schön, dass du dabei bist", begrüßt mich Herr Lembke am Nachmittag. „In unsere **Robotronik-AG** kommen nur die Besten. Leute, das ist Andro. Helft ihm, wenn er Fragen hat."

Die anderen blicken kurz auf, nicken mir zu und vertiefen sich dann wieder in ihre Arbeit. Manche **schrauben** und **löten**, andere **tippen** lange **Zahlenkolonnen** in ihre Computer. Nur einer schaut verkniffen drein.

„Julius kennst du ja schon, er ist für die **Programmierung** zuständig", erklärt Herr Lembke. „Julius, du bekommst einen Kollegen. Vielleicht kriegt ihr das ja zusammen hin." Komisch: Diese (gute Neuigkeit) kostet mich **EINEN FREUNDSCHAFTSPUNKT**.

−1

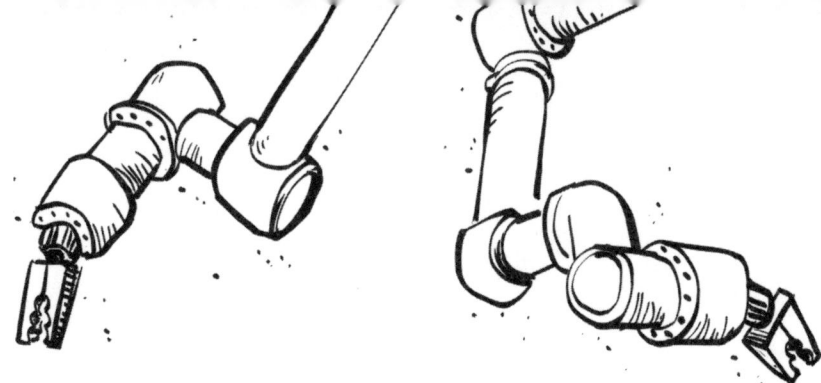

„Was sollen wir hinkriegen?", frage ich.

„Na, den Kantinomaten. Er funktioniert noch nicht perfekt. Und die Zeit drängt, der Direktor wird ungeduldig."

Tick-tack!

Aaah!

Und damit zeigt er stolz auf einen **5,32 Meter** langen Metallkasten, der an beiden Seiten von einem Tresen eingerahmt wird. Dahinter sind Regale mit Geschirr und allerlei Kochgeräten montiert. Im Inneren sieht man durch die geöffneten Klappen **Roboterarme mit Greifzangen, Saugnäpfen, Schneebesen** und anderen **Küchenutensilien**, die auf ihren Einsatz warten. Aus einer Öffnung quillen 72 KABEL, die an Computer angeschlossen sind. Unendlich lange Reihen aus Zahlen und Zeichen flimmern auf den Monitoren.

„Die Computer sind das (Gehirn) des Kantinomaten. Von hier aus wird er gesteuert. Julius schreibt gerade das Programm, das ihm sagt, was der Kantinomat zu tun hat."

Ich schaue Julius über die Schulter. Der versucht sich gerade an einer sehr simplen Programmzeile. **So ein Anfänger!** Ich kann auf Anhieb **56 FEHLER** entdecken und einige davon lassen Schlimmes befürchten.

Puh!

„Keine Sorge", sagt er gönnerhaft. „Du wirst schon noch lernen, die Programmiersprache zu lesen."

„Ich weiß nicht, ob ich das schaffen werde", sage ich und bekomme glatt **einen FREUND-SCHAFTSPUNKT** zurück.

+1

„Genau, Julius, du kannst Andro ein bisschen unter die Arme greifen", meint Herr Lembke.

<u>Menschen sind seltsam</u>, aber wenn's sein muss! Ich hebe meine Arme ein wenig an und stelle mich vor Julius.

„**Was ist?** Wir sind hier nicht im Yoga-Kurs", stöhnt Julius.

„Du sollst mir unter die Arme greifen."

„Du bist echt total bescheuert."

Herr Lembke hüstelt und schiebt mich sachte zur Seite.

„Menschen mit einer **besonderen Begabung** sind manchmal etwas ... anders. Ihr werdet schon miteinander klarkommen."

Ich schaue also andächtig meinem „Meister" Julius zu, wie er den **Programmcode** „verbessert". Das meine ich natürlich nicht wörtlich, sondern ironisch. Menschen sind oft ironisch und meinen dann genau das Gegenteil von dem, was sie sagen. Man muss schon sehr genau zuhören, um sie richtig zu verstehen.

„Andro, jetzt kannst du mal zeigen, was du draufhast. Wie wäre es, wenn du dein **Lieblingsessen** bestellst?", fordert Herr Lembke mich auf.

SOS! **Alarm! Mein Lieblingsessen?** Ich habe nicht die geringste Ahnung, was das sein könnte. Ich spule sämtliche Nahrungsmittel ab, die ich gespeichert habe und von denen ich weiß, dass Menschen so etwas essen. Aber was passt zueinander? **KEINE INFORMATIONEN VORHANDEN.**

„Schwierige Entscheidung, was am ekligsten, **korrigiere**, am leckersten ist. Erdbeerkuchen mit Zwiebeln, Salami mit saurem Hering?" *Mmh!*

„Ui, du bist ja ein richtiger Feinschmecker. Gibt's das bei euch zu Hause?", kichert ein Mädchen.

PUH! **Glück gehabt.** Da habe ich wohl einen **Volltreffer** gelandet, scheint was Feines zu sein. **Ein neuer Freundschaftspunkt.** Also behaupte ich:
„Nur zum Geburtstag."

Ein Junge würgt: „Lad mich bitte niemals zu deinem Geburtstag ein." *Bäh!*

```
ANALYSE:                                    X

Erdbeerkuchen +
Zwiebeln + Salami + saurer
Hering = würgen =
nicht lecker!            Igitt!
```

EIN FREUNDSCHAFTSPUNKT geht flöten. So viel zum Thema **IRONIE**.

Auch Herr Lembke schaut angewidert. „Gut, die Geschmäcker sind halt verschieden. Vielleicht hast du ein zweitliebstes Essen. Rührei mit Speck und Bratkartoffeln zum Beispiel oder Pfannkuchen mit Ahornsirup? Der Kantinomat ist noch **in der Entwicklung** und da wollen wir ihn nicht mit deiner Gourmet-Küche überfordern!"

```
ANALYSE:                               x

Wichtige Informationen:
Rührei + Speck + Bratkartoffeln
oder Pfannkuchen + Ahornsirup =
lecker.
```

AHA!

Diese Zutaten kombinieren die Menschen für gewöhnlich. Also wende ich meine neuen Informationen sofort an:
„Pfannkuchen mit Ahornsirup. Mein zweites Lieblingsessen."

Herr Lembke scheint damit deutlich zufriedener zu sein. Warum wir uns aber jetzt Plastikschürzen umbinden sollen, ist mir ein Rätsel. Obwohl, wenn ich daran denke, was Julius in den **Programmcode** geschrieben hat …

Herr Lembke sieht aus wie ein wandelnder Müllbeutel.

„**Programmierung abgeschlossen?** Julius, hast du den Fehler vom letzten Mal behoben?"

„Alles fertig. Ich habe einen neuen Code eingesetzt."

O ja, und was für einen!

„Also dann, bereit zum Testlauf! Andro, deine Bestellung bitte", fordert Herr Lembke mich auf.

Ich drücke die grüne Taste. Sofort scheppert eine blecherne Computerstimme: „Guten Tag, hier spricht dein Kantinomat. Was darf es Leckeres sein?"

„Guten Tag, hier spricht Andro. Meine Bestellung lautet: Pfannkuchen mit Ahornsirup", antworte ich.

„Klein, mittel, groß?"

„Groß."

„Hell oder dunkel gebacken?"

„Dunkel."

„Bestehen Nahrungsmittelunverträglichkeiten oder Allergien?"

Was für eine Frage! Ich habe eine Unverträglichkeit gegen sämtliche Nahrungsmittel, antworte aber nur mit „**NEGATIV**". Ich kann nur hoffen, das Zeug nicht essen zu müssen.

„Danke für deine Bestellung, einen Augenblick Geduld, bitte."

Ein **gelbes Licht** blinkt auf, im Inneren des Kantinomaten **rumort und rappelt** es. Dampf wabert aus einem Rohr. Wie an einer Seilbahn schweben Töpfe, Siebe und Schüsseln vorbei. Eine große Pfanne poltert über eine Rutsche auf den Herd.

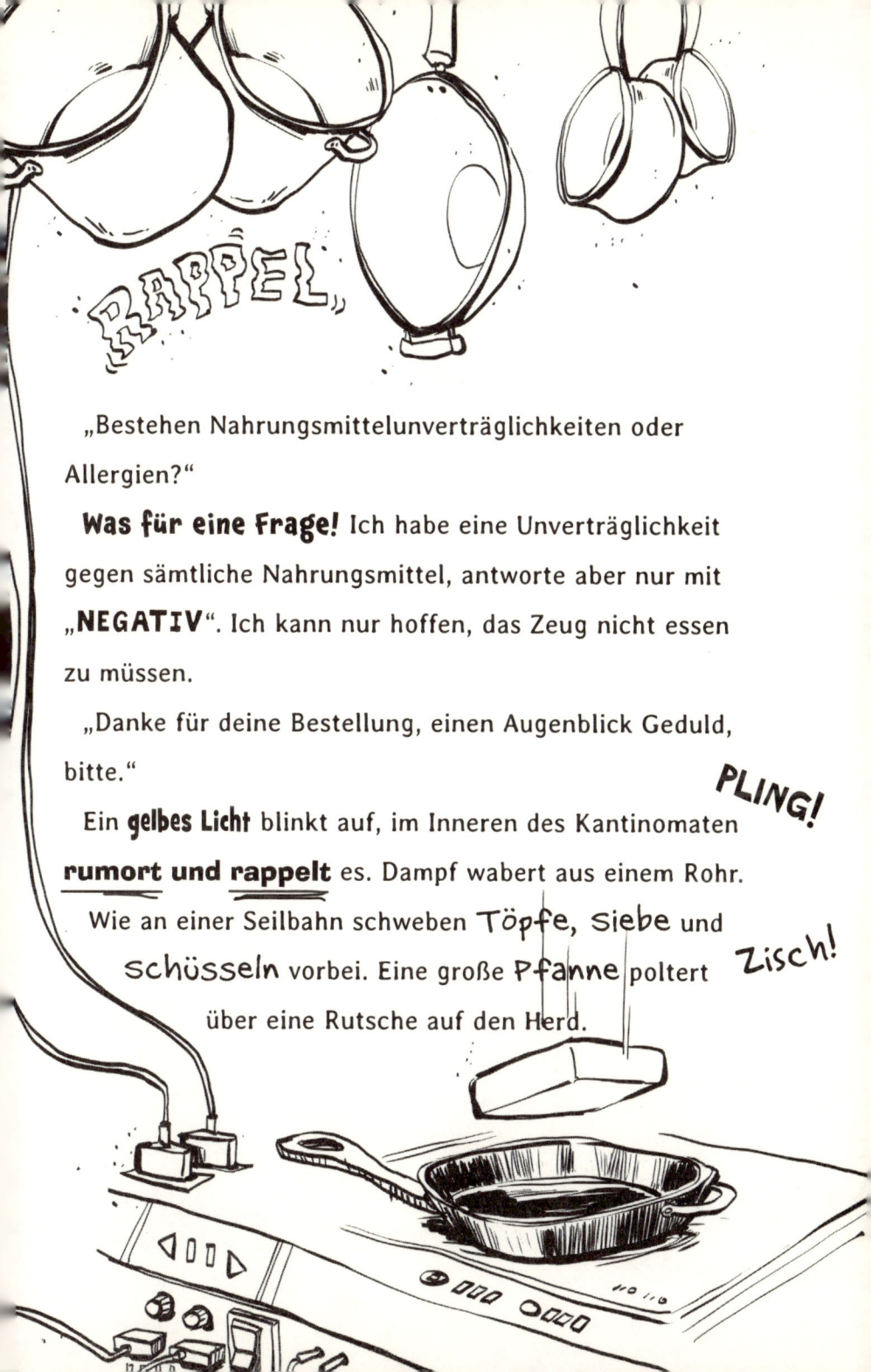

„Wunderbar. *Es funktioniert*", jubelt Herr Lembke. „So weit sind wir noch nie gekommen!"

Ein ganzes Paket Butter landet wie ein Ziegelstein in der heißen Pfanne. **PLATSCH!**

„Da müssen wir noch etwas an der Dosierung nachjustieren, kein Problem", murmelt Herr Lembke. Aus einem dünnen Rohr fließt zähflüssiger Brei und landet zischend im heißen Fett. *Zisch.* Zumindest teilweise, denn die Pfanne läuft im **Nullkommanix** über. Zu allem Überfluss kullern noch Eierschalen auf den Pfannkuchenberg.

Juhu!

„Nicht schlimm, die können wir wieder runternehmen", kommentiert Herr Lembke, jetzt schon nicht mehr ganz so begeistert. **Dichter Qualm** steigt aus der Pfanne hoch. Ist wohl eher ein Pfannkuchen-Vulkan. Ich schalte meine 3-D-Video-Info-Brille auf **Infrarotsicht**, um im vernebelten Raum besser sehen zu können.

Herr Lembke jubelt nun nicht mehr.  **Oh, oh! Oh, oh!**
„**Der Notschalter!** Schnell, Julius!"

Julius krabbelt beherzt an den mittlerweile gefährlich fauchenden und spuckenden Kantinomaten heran und erreicht einen (roten Schalter.) Er hämmert darauf ein. Das scheint dem Apparat nicht zu gefallen, denn er öffnet eine Klappe, durch die sich **10,3 Kilogramm** Mehl auf Julius ergießen. Der hustet und schnieft und irrt wie ein verwirrter Schneemann durch den Rauch.

Da macht es plötzlich (Bing!) und über das Fließband **Bing! Bing!** des Ausgabetresens kommt ein Teller mit dem Pfannkuchen-Vulkan herausgefahren. Er steht lichterloh in Flammen.

„Bitte schön, Pfannkuchen, extra dunkel gebacken. Guten Appetit", verkündet die **BLECH-** *Ta-da!* **STIMME** fröhlich.

↓↓↓↓↓
Herr Lembke scheint das nicht so lecker zu finden, zerrt sich seine cremefarbene Jacke vom Leib und wirft sie über den Teller, um die Flammen zu ersticken.

„Entschuldigung, das Wichtigste habe ich vergessen!", unterbricht der Kantinomat die gespenstische Stille im Raum und spritzt eine ordentliche Portion (Ahornsirup) auf die verkohlte Jacke. Mmh!

„Guten Appetit", säuselt die Maschine zufrieden und schaltet sich in den Ruhemodus, bereit für die nächste Bestellung.

Herr Lembke zieht die Überreste seiner Jacke vom erloschenen Vulkan und schüttelt sie aus. Heraus fällt ein **UNFÖRMIGER PLASTIKKLUMPEN**. Das war wohl mal sein Handy. oh, oh

„Kein Wort zu niemandem, dass der Kantinomat immer noch nicht funktioniert. Verstanden? Wehe, der Direktor erfährt etwas davon!"

„Er funktioniert bestens. Er hat alles so ausgeführt, wie Julius es programmiert hat!", versuche ich ihn zu beschwichtigen.

 Herr Lembke wirft Julius einen vernichtenden Blick zu und Julius leitet ihn noch vernichtender auf mich weiter.

Freundschaftspunkte habe ich mir mit meinem Kommentar nicht eingehandelt. Eher das Gegenteil: **7 Punkte sind verschwunden.**

Zack!

TOR!

„Alter, was quietschst du so?", japst Marko, der neben mir herrennt. „Solltest mal deine Gelenke ölen." **HÄ?**

Das ist doch bestimmt wieder nur so eine Redewendung? Woher soll Marko wissen, dass ich das tatsächlich nicht gemacht habe? Deswegen **QUIETSCHT** mein *Quietsch!* linkes Knie ganz fürchterlich. Dabei habe ich die ganze Nacht Zeit gehabt, mich auf den Sportunterricht vorzubereiten. Ich wollte meine Gelenke ölen, meine **BATTERIE VOLL AUFLADEN** und im Internet sämtliche Spielregeln und Sportarten nachschauen. Stattdessen habe ich mit Leon eines seiner Lieblingsspiele im Internet gespielt. Und **schwups!** war die Nacht auch schon um. Immerhin habe ich **vier neue Freundschaftspunkte**.

Jetzt müssen wir ein paar Runden um den Sportplatz laufen. Leon sieht blass und todmüde aus. Ich brauche ja zum Glück keinen Schlaf.

Puh!

„Heute steht MANNSCHAFTSSPORT auf dem Programm", beendet Herr Lembke unseren Lauf.

„Spielen die Mädchen nicht mit?", frage ich ihn.

„Doch, natürlich. Wie kommst du darauf?"

„Weil es **Mannschaftssport** heißt. Folglich nur für Männer." LOGISCH, ODER?

„Stimmt, warum heißt es eigentlich nicht Frauschaftssport?", ruft Lilli.

„Weil Mädchen nicht Fu-fu-fu-fußball spielen können", ruft Marko dazwischen.

„Das stimmt so natürlich nicht", druckst Herr Lembke herum. „Ist eben so. Sprache halt."

„Dann sollte es besser (Menschschaftssport) heißen", werfe ich ein.

„Andro, wir haben jetzt Sport- und nicht Deutschunterricht. Also, wir stellen zwei Mannschaften auf."

„**Menschschaften**", verbessert Lilli ihn.

„Dann eben **Menschschaften**." Herr Lembke verdreht genervt die Augen. „Julius, Marko. Ihr dürft wählen."

Die beiden stellen sich vor uns und rufen abwechselnd einen Namen. Ich komme in Markos Team, zusammen

mit Lilli. Leon bleibt übrig. So muss Julius ihn wohl oder übel in sein Team aufnehmen.

Es geht los, der Ball rollt. Ich muss schnellstens die **REGELN ANALYSIEREN**: Den Ball nur mit dem Fuß treten. <u>Korrektur</u>: Leon hat ihn gerade mit dem Kopf berührt, wenn auch unfreiwillig. Scheint erlaubt zu sein, der Lehrer hat nicht gemeckert. Aiden muss vor einem **Aluminiumrahmen** stehen. Damit er nicht wegrennen kann, ist hinter ihm ein Netz gespannt. **Komisch**. Wenn er den Ball mit den Händen schnappt, stört das Herrn Lembke auch nicht. Meistens haben abwechselnd Marko oder Julius den **Ball**. Es geht wohl darum, ihn sich gegenseitig wegzunehmen.

Lilli gelingt das zum Ärger

AHA!

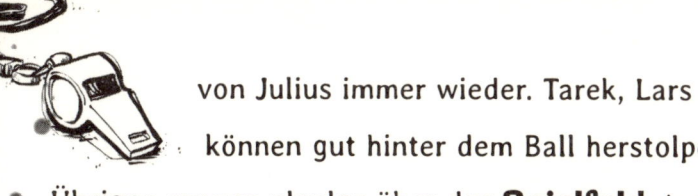

von Julius immer wieder. Tarek, Lars und Paula können gut hinter dem Ball herstolpern. Die Übrigen rennen planlos über das **Spielfeld**, treten ins Leere oder ducken sich vor dem Ball weg. Sophie, Emelie und Lara scheinen mehr um ihr Aussehen besorgt zu sein und stehen etwas abseits am Spielfeldrand.

Ich mache es also wie die meisten, hample ziellos herum und versuche, auf keinen Fall aufzufallen. Da stürmt Julius auf Aiden in seinem Käfig zu, aber Marko steht im Weg. Julius gibt den Ball an Tarek weiter. Leon hampelt mal wieder zufällig in der Schussbahn herum und bekommt den Ball **mit voller Wucht** ab. Der Ball **prallt ab** und landet mitten im Aluminiumrahmen mit Netz dahinter. Aiden flucht, aber Leon jubelt und reibt sich die schmerzende Brust. Julius **jubelt**, Tarek jubelt. Wenn das so ist, dann juble ich sicherheitshalber auch. Ich renne, genau wie die anderen, mit hochgerissenen Armen über das Spielfeld und gröle:

Hä?!

„Sag mal, was stimmt bei dir nicht? Du kannst doch nicht jubeln, wenn die Gegner ein Tor schießen!", schreit Marko mich an.

„Nicht?"

„Kapier das mal, das ist ein Punkt für die anderen!"

Ich kapier das mal:

ANALYSE: ✕

Der Aluminiumrahmen scheint „Tor" zu heißen.
Nicht jubeln, wenn der Ball im eigenen Tor landet.
Jubeln, wenn der Ball im gegnerischen Tor landet.

Also jubele ich nicht, obwohl Julius das zweite Tor schießt.

Im Vorbeirennen höre ich Julius ätzen: „Ihr Luschen!"

„Ruhig bleiben! Nicht auffallen!", beschwichtigt mich meine **innere Kontrollstimme**.

Aber was nutzt das, wenn der Ball direkt vor meine Füße rollt? Ich bin wie ferngesteuert, ich muss ein Tor erzielen. In <u>Sekundenbruchteilen</u> schätze ich die Situation ein und schalte in den **TURBO-POWER-MODUS**. Julius steht mir in einem Winkel von 30 Grad gegenüber, der Wind kommt mit **15 Stundenkilometern** von links. Leon schwankt mal wieder genau in der Schusslinie herum, ich muss also um ihn herum schießen. Kein Problem für mein **Super-Prozessor-Hirn**, alle Faktoren zusammenzurechnen. Ich schieße im passenden Winkel mit einem ordentlichen Drall und erwarte den Ball oben rechts bei **1,85 Meter** im Tor.

„Verrechnet!", stellt mein **Kontrollsystem** fest. Der Ball geht **10 Zentimeter** tiefer in das Netz, weil der Schüler im Tor ihn mit seiner Fingerspitze berührt hat. Das hätte ich einberechnen müssen. Aber die anderen nehmen das nicht so genau, meine Leute jubeln. Da sehe ich Marko auf mich zustürmen. **OJE**, was habe ich jetzt schon wieder falsch gemacht? Dicht vor mir stoppt er und hebt die Hand. Ich gehe vorsichtshalber einen Schritt zurück.

Oh, oh!

O nein!

„**Mach schon**, schlag ab!", fordert er mich auf. Doch ich weigere mich, seinen Arm oder was auch immer abzuschlagen, und so rennt er kopfschüttelnd weiter. Ich entschließe mich, auch das **zweite Tor** zum Ausgleich zu schießen. Immerhin habe ich soeben **5 FREUNDSCHAFTSPUNKTE** erhalten.

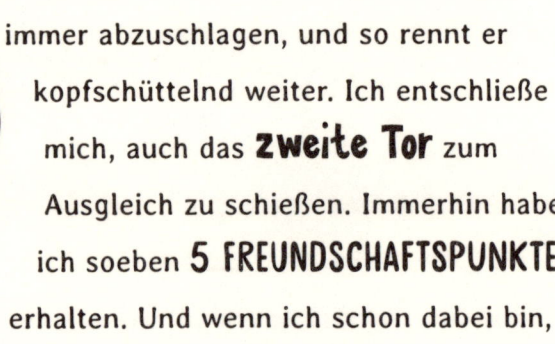

Und wenn ich schon dabei bin, setze ich doch gleich zum dritten Treffer an. Ich stöhne auf – nicht jetzt! **MEINE ENERGIEANZEIGE BLINKT.** Der Turbo-Power-Modus verbraucht zu viel Strom. „Warum haben mich meine Erbauer mit so einer altersschwachen Batterie ausgestattet?", schießt es mir durch den Prozessor. Da fahren auch schon sämtliche Systeme in den **Energiesparmodus** herunter.

„Was ist los? Schieß!", ruft Marko. „Steh da nicht so blöde rum!"

Aber es ist nichts zu machen! Ich bin komplett **ausgepowert** und kann nur zusehen, wie das Spiel 4:2 für Julius' Mannschaft endet.

„Und ich dachte schon, du wärst wenigstens zu irgendwas zu gebrauchen", ranzt mich Marko an. Drei Freundschaftspunkte weniger.

Leon und ich schleppen uns auf den Schulhof und sacken auf eine Bank nieder. Es gongt zur großen Pause und ich sitze komplett in der Klemme. Noch ein paar Minuten und meine **BATTERIE** wird restlos leer sein.

„Nur nicht auffallen", lalle ich, „**jetzt ist alles aus!**"

„So schlimm ist das nun auch wieder nicht. Ist doch nur ein **BLÖDES SPIEL**", versichert Leon.

„Mein ganzes Leben ist nur ein *blödes Spiel*", hauche ich. „Und das ist jetzt zu Ende."

AU WEIA!

„Mein Leben ist auch gleich zu Ende, wenn ich nicht bald was zu futtern kriege", jammert Leon.

Er hat einfach immer **HUNGER**. Zwei Stunden ohne Nahrung und er würde wahrscheinlich tot umfallen. Ich reiche ihm meine Brotdose. Ja, genau. Meine Erbauer haben mir ein Frühstück mitgegeben, nachdem ich ihnen mitgeteilt habe, dass das so üblich sei.

„Hier. Ich empfinde **0 Prozent Hunger**", sage ich.

Hä?!

„Sicher? Ich will <u>keinen Ärger</u>, wenn du meinetwegen verhungerst."

„Sicher!"

Leon grapscht sich gierig die Dose aus meinen Händen.

„Hä? Was ist das denn für ein **FRÜHSTÜCK?** Das kann man doch nicht essen", ruft er enttäuscht. Ich muss vor Erleichterung lachen. Zum Glück hat meine Erbauer-Mama keine Ahnung, was Menschen in so eine Brotdose hineintun. In der Dose befindet sich kein Butterbrot. **Sondern köstliche Batterien! Meine Rettung!**

Puh!

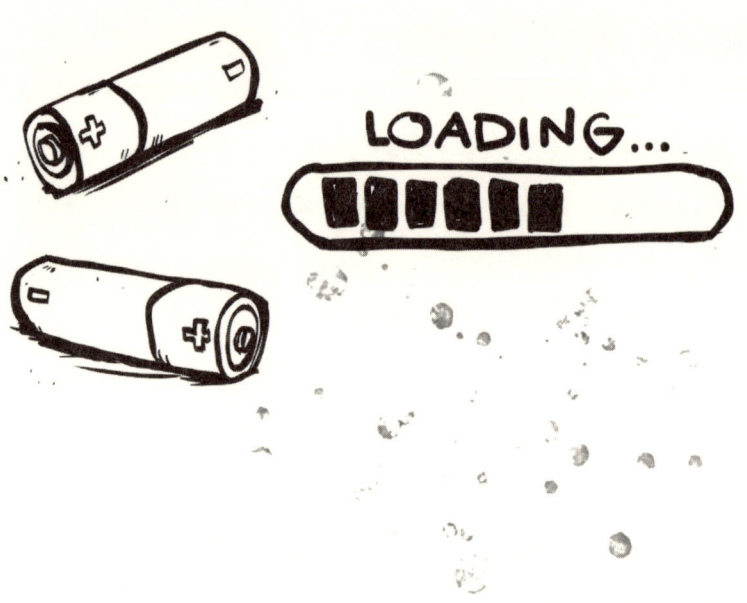

AUF DER HUNDEWIESE

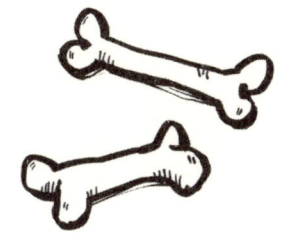

Tamagotschi steht wedelnd mit der Hundeleine in der Schnauze vor mir und fiept. Er ist darauf programmiert, um diese Uhrzeit Gassi gehen zu wollen.

"Wir gehen gleich", versuche ich ihn zu beruhigen.

FIEP! FIEP!

"Andro, die Zeit läuft. Tamagotschi muss raus. In **fünf Minuten und 14 Sekunden** leert er seinen Tank", ruft Erbauer-Mama.

Die Sache mit Tamagotschi und dem gelben Wasser erfordert einen großen Zeitaufwand. Aber er soll so echt wie möglich sein. Dabei ist es doch der eindeutige Vorteil von **Roboter-Hunden**, dass man sie **einfach abstellen** kann. Doch Ausschalten haben meine Erbauer verboten und so wedelt und bellt TAMAGOTSCHI hysterisch herum, während ich ihm die Leine anlege.

Wau wau!

Hechel!

"Staubi auch Gassi." Das hat mir gerade noch gefehlt!

Staubi ist unser Staubsauger. So einer, wie man ihn in den Elektronikmärkten bekommt. Die fahren den ganzen

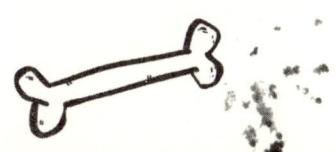

Tag durch die Wohnung und saugen jeden Krümel auf. Natürlich haben meine Erbauer ihn ein bisschen aufgepeppt, sodass man mit ihm reden und ihm **Befehle erteilen** kann. Dummerweise stellt er aber auch immer größere Ansprüche. Mit seinen **Leuchtaugen** starrt er mich erwartungsvoll an.

„Du bist ein **Staubsauger**. Bleib mal auf dem Teppich."

„Staubi langweilig. Immer nur in Wohnung", quengelt er.

„Ich streu dir **Brotkrümel** mit Sand aus. Ausnahmsweise erhältst du noch eine Portion Hundehaare dazu."

„Nein. Staubi raus! Wie Tamagotschi. Warum darf der raus, obwohl der immer alles voll Pippi macht, und Staubi nicht? Ungerecht!"

Wo er recht hat, hat er recht!

„Aber du fährst immer bei Fuß, verstanden? **Du folgst meinem Kommando.** Sonst schalte ich dich ab."

Vor lauter Freude kreist Staubi übermütig dreimal um mich herum und lässt **Staubwolken** ab. Die kann er später

Ticktack!!!

wieder wegsaugen, denn es wird jetzt **HÖCHSTE ZEIT**. Heute bin ich mit Lilli auf der Hundewiese verabredet.

Staubi ist voll in seinem Element. Begeistert stürzt er sich auf jeden **ZIGARETTENSTUMMEL**, jeden **PAPIERFITZEL** und was er sonst noch so alles auf dem Gehweg findet, während TAMAGOTSCHI keinen Zaunpfahl auslässt, um ihn nass zu machen.

„**Staubi, bei Fuß.** Ich schalte dich ab, wenn du nicht korrekt funktionierst!"

el!

Zuckel, zuckel!

Beleidigt ruckelt Staubi nun neben mir her.

Lilli ist schon auf der Hundewiese und wirft Stöckchen. Ich lasse Tamagotschi von der Leine, der sofort auf

Lillis Hund losrennt. Die beiden beschnüffeln sich wedelnd an allen Enden.

„Der ist ja niedlich. Guck mal, sie verstehen sich auf Anhieb", freut Lilli sich.

Meine Erbauer haben ganze Arbeit geleistet, denn Luna scheint Tamagotschi für einen echten Hund zu halten.

„Gut so. Tamagotschi ist etwas speziell", warne ich.

Dann entdeckt Lilli Staubi, der sich gerade abmüht, einen Maulwurfshügel aufzusaugen.

„Was ist das denn?"

„Unser Staubsauger. **Keine Angst, er tut nichts**", beruhige ich Lilli.

„Du gehst mit deinem Staubsauger spazieren?"

„Normalerweise nicht, aber er wollte (unbedingt) mitkommen."

„Hast du etwa noch mehr **Haushaltsgeräte** dabei? Vielleicht euren Herd?", fragt Lilli.

„Nein, der kann nicht laufen", erkläre ich.

„Puh, da bin ich aber froh, ich hab nämlich Angst vor Herden."

Lilli kichert los: „Guck nicht so. Das war ein Scherz."

Ich verstehe, **ein Scherz.**

```
ANALYSE:                          X
Scherz = Witz = lachen.
```

Hihihi!

Also lache ich laut drauflos, bis Lilli meint, dass es so lustig nun auch wieder nicht sei und ich aufhören könne.

Wir werfen noch ein bisschen **Stöckchen** für Luna und Tamagotschi. Staubi ärgert sich, weil er einfach zu langsam ist. Aber dafür liegt mittlerweile kein einziges Blatt mehr auf der Wiese.

„Magst du Kuchen?"

„Du denn?", frage ich sicherheitshalber.

„**Ich liebe Kuchen**", schwärmt sie.

„Ich auch", behaupte ich.

Und tatsächlich steigt mein Freundschaftsbalken um 3 Punkte. Dabei ist mir das gerade gar nicht so wichtig.

„Dann komm mit. Meine **Mama** hat gebacken."

„Und Staubi?", frage ich, denn es ist ja scheinbar etwas ungewöhnlich, seinen Staubsauger auszuführen.

„Meine Mama ist auch ein bisschen verrückt, das wird sie bestimmt nicht stören", beruhigt Lilli mich.

KLEBRIGER LIEBLINGSKUCHEN

"Huhu, Mama! Ich hab Andro mitgebracht", ruft Lilli und wirft ihre Schuhe in die Ecke.

Meine **Sensoren** melden einen besonderen Geruch aus der Küche.

```
ANALYSE:                                    X

Analyse der Geruchs-Moleküle:
15 Prozent Karamell, 55 Prozent
Schokolade, 5 Prozent Safran, 10
Prozent Sahne und 10 Prozent Erdbeer-
aroma. Zusätzlich 5 Prozent Dackel.
```

Das muss der Duft von diesem Kuchen sein, mal abgesehen vom Dackelgeruch. Was **menschliche Nahrung** anbelangt, habe ich inzwischen ja einige Erfahrungen gesammelt und weiß, was ich zu sagen habe: "Wie das duftet!"

Igitt!
Mmh!

"Ihr kommt gerade richtig. Der Kuchen ist frisch aus

dem Ofen", begrüßt uns Lillis Mutter. "Schön, dich kennenzulernen, Andro. Lilli hat schon viel von dir erzählt."

Sie stammt offensichtlich aus der gleichen Baureihe wie Lilli, nur dass ihre Haut ein paar feine Falten hat. Vorschriftsmäßig reiche ich ihr die Hand und bedanke mich für die Einladung.

Aha!

"Mensch, du bist aber gut erzogen", freut sie sich. "Und du hast deinen **STAUBSAUGER** mitgebracht, wie nett!"

"Ich hoffe, er stört nicht", entschuldige ich mich.

"Im Gegenteil. Er darf sich gerne in der Wohnung **austoben**."

Das lässt sich Staubi nicht zweimal sagen. **Völlig begeistert** von den vielen Krümeln auf dem Boden, zockelt er eifrig durch die Zimmer.

Lillis kleiner Bruder Max spielt mit ein paar Autos in der Küche. Zwischendurch sabbert er an einem **Plätzchen** und sorgt dafür, dass Staubi keine Langeweile bekommt. Lillis Mutter stellt Teller und Becher auf den Tisch und verteilt den Kuchen.

Schmatz!

„Kakao magst du sicherlich auch, oder?", fragt sie mich.

„**Positiv**", lüge ich und bekomme einen vollen Becher. Ich starre auf das große Stück Kuchen vor mir und den riesigen Berg Sahne obendrauf.

„Keine falsche Bescheidenheit, Andro. Hau rein, es ist genug da", fordert sie mich auf.

„Wirklich?" Das kann sie doch nicht ernst meinen.

„Wenn ich's doch sage", bestätigt sie und auch Lilli nickt mir aufmunternd zu.

PUH!

„Wenigstens brauche ich ihn nicht zu essen", denke ich erleichtert. Aber komisch, was Menschen so alles mit Kuchen anstellen. Wenn's also sein soll: Ich haue kräftig auf das **Kuchenstück** vor mir, dass die Brocken nur so *BUM* fliegen. Lilli und ihre Mutter starren mich **fassungslos** an, *Hui!* der kleine Max hingegen ist begeistert und macht es mir laut jauchzend nach. Lillis Mutter lacht schallend auf: *Haha* „Oha, ich sollte wohl besser aufpassen, was ich sage. *Hau rein* bedeutet, du sollst den Kuchen **verputzen**, ähh ... nicht wörtlich gemeint, essen natürlich!"

„Ich verstehe. **Bitte um Verzeihung!**" Warum müssen mir immer so (alberne Fehler) passieren?

Juhu! „Nicht schlimm", beruhigt sie mich. „Es ist genug da. Und über die Krümel freut sich bestimmt dein Staubsauger."

Schmatz!

Dann stellt sie ein noch größeres Stück Kuchen vor mich hin. Ich habe keine Wahl, ich muss *BÄ* das essen. Ich schaufele das *Igitt!* Ding Stück für Stück in mich hinein und kippe noch etwas von dem Kakao hinterher.

Dabei schmatze ich laut, genau so, wie ich es mir bei Lilli abgucke.

„Noch ein Stück, Andro?", fragt mich Lillis Mutter.

„Vielen Dank, aber mein **Fassungsvermögen** ist ausgeschöpft. **KORRIGIERE,** mehr passt nicht in mich rein. Ich bin randvoll." Einmal zu tief bücken und der ganze Kuchen würde wieder aus mir herauskrümeln, so voll bin ich.

Max kommt rittlings auf Staubi um die Ecke gefahren.

„Max hat einen neuen **Freund**", meint Lilli kichernd.

HIHI!

Da fängt Tamagotschi an zu bellen und pinkelt an den Küchentisch. Wie gerne würde ich ihn jetzt ausstellen. Es ist Zeit für mich, nach Hause zu gehen. Nur mit

Wau, wau!

Mühe lässt sich Max von Staubi herunterholen. Aber ich verspreche ihm, bald wiederzukommen.

Auf dem Heimweg bleibt Tamagotschi plötzlich stehen. **Akku leer!** Zum Glück ist das nicht bei Lilli passiert. Ich trage ihn also wie ein Kuscheltier nach Hause und schließe ihn an das **STROMKABEL** an. Vorerst werde ich ihn ausgeschaltet lassen.

„Irgendwelche neuen Erkenntnisse?", will mein Erbauer-Papa beim Abendessen wissen.

„Wie es sich anfühlt, (Schokoladenkuchen) in sich einzufüllen", berichte ich angewidert. **Bäh!**

„Du hast etwas gegessen, Andro? So wie die Menschen? Ekelhaft. Hoffentlich hat deine **empfindliche Elektronik** nichts abbekommen. Die geht doch so schnell kaputt!"

Meine Erbauer-Mama ist sichtlich besorgt um ihr **technisches** (Meisterwerk.)

„Ich bitte dich, Margret, natürlich geht nichts kaputt. Für solche Fälle haben wir ihm extra den (Tank) eingebaut."

„Aber einen Abfluss habt ihr vergessen", beschwere ich

Ticktack!

mich. „Ich musste zehn Minuten lang Kopfstand über der Kloschüssel machen, bis der Tank entleert war."

„Das gehört zu deiner Mission. Wie hoch ist dein **AKTUELLER PUNKTESTAND?**", fragt Erbauer-Papa.

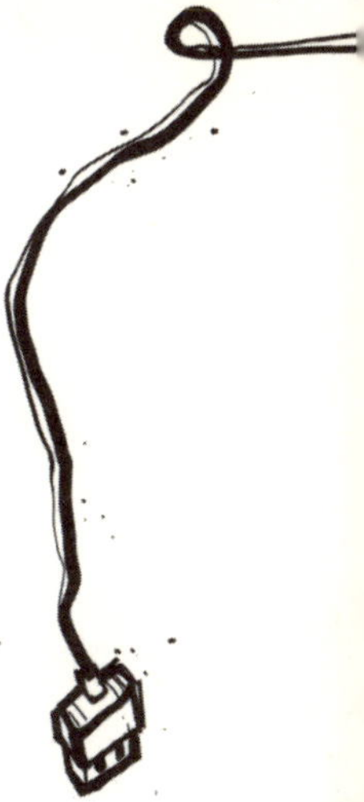

Darauf habe ich gar nicht geachtet, als ich mit Lilli den Nachmittag verbracht habe.

„**17 Freundschaftspunkte insgesamt**", melde ich und bin positiv überrascht.

„Das sind **noch nicht** genügend Punkte. Wenn es nicht **50 Freundschaftspunkte** werden, schalten wir dich sofort ab."

Essen ist fertig!

Wenn ich mit Julius zusammenkomme, gehen mir seltsamerweise immer **Freundschaftspunkte** verloren. Und ausgerechnet mit ihm soll ich an der **Programmierung** des Kantinomaten arbeiten. So hat Herr Lembke es entschieden.

Dieses Mal bin ich aber vorbereitet. Die halbe Nacht habe ich ekelhafte, also für Menschen leckere, Rezepte gesammelt. Natürlich war da auch das Rezept von **Lillis Lieblingskuchen** dabei. Das alles habe ich in das Programm für den Kantinomaten geschrieben und auf meinem **Speicher** für den heutigen Tag gesichert. In der zweiten Nachthälfte habe ich ein paar unbesiegbare Monsterroboter erfunden. Als **Geschenk** für Leon, der sie in seinem Handyspiel sicherlich gebrauchen kann.

„Strengt euch an, ich will heute Mittag ein **leckeres Essen** bekommen", begrüßt uns Herr Lembke und schließt den Computerraum auf. „Ich muss euch leider allein lassen. Dringende Termine."

Wir legen los. Julius hackt wild auf der Tastatur herum. Und ich habe die Ehre, ihm, dem „MEISTER", zuzuschauen. Es ist unerträglich, mitanzusehen, wie viele Fehler er in den Code einbaut. Hin und wieder versuche ich es mit einem Vorschlag, dann grummelt er genervt: „Stör mich nicht, ich muss mich konzentrieren."

Endlich lehnt er sich zurück und verkündet: „Fertig. DER PERFEKTE PROGRAMMCODE."

„Wenn du mich fragst: Laut diesem Programmcode müsste der Kantinomat Gummibärchen bei **300 Grad** mit Käse überbacken."

„Du hast keine Ahnung, deshalb frage ich dich ja auch nicht. Stell die Maschine an."

Wieder sind 3 Freundschaftspunkte dahin. Ich drücke den **grünen Schalter**. Gespannt starren wir auf das Gerät, als ein **klebriger Glibber** aus Gummibärchen und Käse aus dem Kantinomaten quillt. Genau, wie ich es vorausgesagt habe. Julius' schlechte Laune kostet mich weitere **5 Freundschaftspunkte** und es gibt auch keinen einzigen Punkt dazu, als er mich den ganzen Glibber wieder aufwischen lässt.

„Soll ich es versuchen?"

Widerwillig lässt Julius mich an den Computer. Ich brauche **genau 10,4 Sekunden**, um meinen gespeicherten CODE einzutippen: „Fertig!"

Julius sieht mich völlig verdattert an, dann liest er den CODE. „Das hätte ich natürlich auch gekonnt."

Ich drücke die grüne Taste. Julius geht wie immer

in Deckung, doch als hätte er nie etwas anderes gemacht, spucht der **AUTOMAT** artig Käsebrötchen mit Tomate aus. FLUPP! Es folgen eine Pizza mit Pilzen, Fischstäbchen mit Kartoffelbrei und Wiener Würstchen mit Pommes.

„Großartig! Ich wusste, dass wir es schaffen!", jubelt Herr Lembke und rennt zu einem **Monitor**, um den Programmcode zu studieren. „Hervorragend. So was Geniales hat es an unserer Schule noch nicht gegeben. Ich sag nur: **DIGITALE POESIE!** Der Direktor wird staunen." Juhu!

Seine Begeisterung ist stolze 10 Freundschaftspunkte wert. Wow!

„Kleinigkeit. Hier und da ein paar Fehler korrigieren und schon funktioniert der Kantinomat", prahlt Julius, den Mund voller Pizza und Würstchen. Schmatz!

„Die Zusammenarbeit mit Andro scheint deine Programmierfähigkeiten auf Trab zu bringen. Nun gut, Hauptsache, der Kantinomat funktioniert", murmelt Herr Lembke.

Julius' eifersüchtige Blicke ziehen mir auch gleich wieder die **10 FREUNDSCHAFTSPUNKTE** von Herrn Lembke ab.

Hopp, hopp!

HER MIT DEN RINGEN

Lehrer sind komisch. Sie beschweren sich, wenn man nicht tut, was sie sagen. Und wenn doch, ist es ihnen auch nicht recht.

„Taucht, so lange ihr könnt", ruft Herr Lembke.

Er steht in einem eleganten **Sommeranzug** am Beckenrand, die Sonnenbrille in die Föhnfrisur geschoben, und wirft lässig **13 Ringe** in das Schwimmbecken. Wir sollen so viele wie möglich aus dem Becken holen.

Blubb, blubb!

Immer zu zweit. Zuerst tauchen Emelie und Karla. **Keine 15 Sekunden** vergehen, da schnappt Emily schon nach Luft, ohne einen Ring erwischt zu haben. Karla hält wenigstens **2 RINGE** in die Höhe. Die meisten anderen sind nicht besser und Leon schafft es nicht einmal bis zum Grund. Lara ergattert immerhin **5 Ringe**. Marko und Julius tauchen zeitgleich wieder auf und zerren gegenseitig an ihrer Beute. Sie haben beide

Aaargh!

6 **RINGE** ergattert und um den dreizehnten streiten sie erbarmungslos. Sie drücken sich gegenseitig unter Wasser, spucken wie Springbrunnen und treten aufeinander ein.

Herr Lembke bläst mit aller Kraft in seine Trillerpfeife.

"Der hat angefangen. Ich hatte den Ring zuerst", schreit Marko.

"Als ob! Du hast ihn mir aus der Hand gerissen. Ich habe gewonnen", röchelt Julius.

"**SCHLUSS JETZT**. Marko, gib sofort den Ring ab, Julius hatte ihn zuerst", schnauzt Herr Lembke.

"Ich kenne doch meine Pappenheimer!"

Das war ungerecht von Herrn Lembke. Ich will gerade bezeugen, dass Marko den dreizehnten Ring gefunden hat, da sind Aiden und ich als Letzte an der Reihe. Herr Lembke schleudert die Ringe kreuz und quer ins Wasser und gibt uns das Zeichen zu tauchen. Aiden holt **tief Luft** und kneift die Augen zusammen. Ich fahre meine wasserdichte Linse über die Augen und stelle meine

Plitsch! **Blubb, blubb!**

Unterwassersensoren ein. Wir springen gleichzeitig. Sofort umgibt mich eine dumpfe Stille, ich höre das Blubbern der Luftblasen und das SURREN DER PUMPEN. Neben mir strampelt Aiden, um tiefer zu kommen. Er greift erst einen, dann den zweiten und schließlich **Platsch!** den dritten Ring. Ich höre ihn glucksen. Ihm geht wohl langsam die Luft aus, denn er schießt mit seiner Beute zur WASSEROBERFLÄCHE. Ich tauche weiter und sammle die restlichen 9 Ringe ein. Ich kann mir ja Zeit lassen, Herr Lembke hat nichts davon gesagt, dass wir uns beeilen sollen. Den letzten Ring entdecke ich an der tiefsten Stelle des Beckens kurz vor dem Schutzgitter des Ansaugrohrs. Aber da ist noch etwas: Ein goldener Schimmer hinter dem

Gitter. Ich tauche näher heran, bis ich erkennen kann, **OH!** was es ist. **Ein kleiner goldener Ring.** Ich versuche, ihn mit dem Finger durch die Maschen zu porkeln. Doch es will mir nicht gelingen. Also aktiviere ich meinen **Magnetfinger**. Ohne Erfolg. Der Ring scheint aus Gold zu sein. Ich rüttele an dem Absperrgitter und tatsächlich lässt es sich so weit anheben, dass ich den Ring greifen kann. Er ist nicht besonders schwer, nur **etwa 10 Gramm**. Genau kann ich das nicht feststellen, weil meine eingebaute (Fingerwaage) unter Wasser nicht so gut funktioniert. Auf der Innenseite des Rings entdecke ich eine **GRAVUR**, zwei Namen und ein Datum.

Da umschlingt mich plötzlich etwas. „Ein Krake", schießt es mir durch meinen **Prozessor**.

Ich muss ziemlich strampeln, um mich

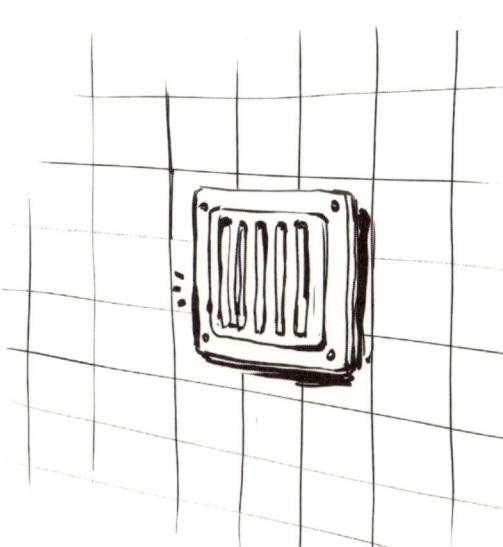

aus dem Klammergriff zu lösen, und werfe einen Blick über die Schulter. **Herr Lembke?** Seit wann macht der beim Ringeholen mit? Will er mir die Ringe etwa klauen? Und das alles in seinem schicken Anzug, der jetzt aufgebläht um ihn herumwabert? Der Lehrer lässt nicht locker und zerrt mich an die Wasseroberfläche. **Was soll das?** Ich kann doch selber schwimmen. Ist bestimmt eine Art **BELOHNUNG**, weil ich so viele Ringe gefunden habe. Ich mache mal lieber nichts. So schleppt er mich keuchend bis zum Beckenrand, wo uns die ganze Klasse erwartet. Der Bademeister kommt mit einem **Notfallkoffer** angerannt und hilft, mich aus dem Wasser zu hieven. Sie legen mich an den Beckenrand.

Hä?

Aha!

„Kinder, geht zurück", japst Herr Lembke.

„Ist er tot?", schreit Sophie aufgeregt.

Können Roboter überhaupt sterben? Man kann sie ausstellen, wegwerfen, ausschlachten und wiederverwerten. Doch tot bin ich vermutlich nicht.

„Wir müssen ihn reanimieren", keucht Herr Lembke.

Reanimieren heißt wiederbeleben. Und das bedeutet, dass er mich Mund zu Mund beatmen würde, so machen die Menschen das. **Genug tot gespielt.** Ich springe auf und halte stolz meine Ringe in die Höhe. Herr Lembke starrt mich entgeistert an, während der Bademeister erleichtert ruft: „**Puh**, das ist ja noch mal gut gegangen."

liiiih?

Meine Mitschüler lösen sich aus ihrer **Schockstarre** und **pfeifen** und **klatschen**. Herr Lembke streicht sich die Haare aus dem Gesicht, zieht seine triefende Anzugjacke aus und kramt sein vollgelaufenes Handy hervor. „So ein Mist, das war **nagelneu**!"

klatsch, klatsch!

Wütend starrt er mich an. „Was zum Teufel hast du da unten getrieben? Du kannst doch nicht einfach **FÜNF MINUTEN** unter Wasser bleiben! Du hast wohl nicht mehr alle Tassen im Schrank!"

Aaaargh!

Was soll denn das nun wieder? Wie kommt er denn jetzt auf so eine komische Idee?

ä?

„Doch, die habe ich. Es müssten **6 Tassen** sein, im Küchenschrank. Wir benutzen sie nicht so oft, müssten also alle drin sein", beantworte ich seine Frage.

Die ganze Klasse kichert.

Hihi!

„Wir dachten, du seist ertrunken. Ich ruiniere hier mein teures Handy und meinen Anzug und du reißt auch noch Witze? **Fünf Minuten**, so lange taucht doch kein Mensch!"

„Ziel war es, so viele Ringe wie möglich aus dem Wasser zu holen. So lautete die Aufgabe. Und dieser goldene Ring war nicht einfach zu kriegen."

Herr Lembke steht zitternd vor mir und ballt die Fäuste.

> **ANALYSE:** ✗
>
> Schnellanalyse! Zittern: 1. vor Kälte, 2. vor Wut.
> Abgleich mit aktueller Temperatur von 28,53 Grad Celsius = warm für menschliche Organismen. Kommt also nur noch Punkt 2 in Betracht: Zittern vor Wut!
> Ups, gar nicht gut. **Grrr!**

Aaargh!

Das erklärt auch meinen Verlust von 9 FREUND-SCHAFTSPUNKTEN. Zum Glück mischt sich im gleichen Moment der Bademeister ein. „Darf ich mal sehen?"

Er begutachtet den goldenen Ring von allen Seiten: „Mensch, Junge. Da isser ja. Was hab ich den gesucht! Da ist wohl 'n **Finderlohn** fällig. Wie wär's mit einem Eis?"

„**Negativ.** Das bekommt mir nicht", sage ich.

„Aber mir! Mir bekommt das gut", ruft Marko dazwischen.

„Ein Eis für die anderen?", schlage ich vor. **Juhu!**

Meine Mitschüler **jubeln**, als der nette Bademeister zustimmt.

Der Balken meiner **Freundschaftspunkte** schnellt um **23 Punkte** nach oben, von jedem Schüler einen. Und Herr Lembke schnaubt leise vor sich hin: „Das ist NICHT NORMAL, fünf Minuten lang, ohne Luft zu holen."

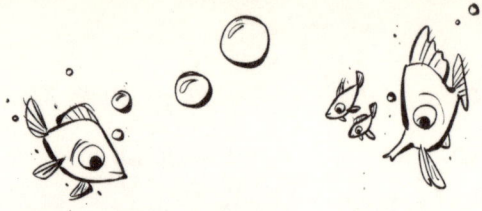

Bei den Fischen

Im Gang zum Biologiesaal ist ein großes **Aquarium** in die Wand eingelassen, der ganze Stolz von Frau Heidschrötter-Piepenbrink, der Biologielehrerin. Ich mag es, mir die Fische darin anzuschauen. Sie erinnern mich an **Roboter**. Als wären sie **programmiert**, schweben sie auf immer gleichen Bahnen durch das Wasser. Vielleicht sind sie ja wirklich Maschinen und müssen abends, wenn die Schule geschlossen ist, **ans Ladekabel?** Luft holen müssen sie jedenfalls nicht. Alles wie bei mir.

„Hey, DU GUPPY. Guckst dir wohl deine Familie an?" Es ist Marko, der mich aus meinen Gedanken reißt.

„Irgendwie sind wir alle miteinander verwandt. Vor vielen Millionen Jahren hatten wir alle gemeinsame Vorfahren", erkläre ich.

„Tz, ich bin bestimmt nicht mit dir verwandt."

Womit er natürlich recht hat.

„Ich muss nämlich zwischendurch mal atmen. Das machen Menschen so."

„Eine bekannte Information", sage ich.

„Und wieso kannst du dann fünf Minuten lang unter Wasser bleiben? Du hast gemogelt und hattest irgendwo eine Sauerstoffflasche versteckt."

„**Negativ**. Wo hätte ich die verstecken sollen?"

„Keine Ahnung. Aber so lange kann niemand die Luft anhalten."

„Ich kann das", sage ich beharrlich und merke, wie Marko meinen Ehrgeiz weckt. Schon wieder klingeln **meine Alarmsysteme**. Das könnte übel ausgehen.

„Na los, Beweise!" **Riiing! Riiing!**

Ein paar andere Schüler sind mittlerweile dazugekommen und rufen nun auch: **„Beweise, Beweise!"**

„Ich hab eine Idee", sagt Marko und zeigt auf das Aquarium. „Du legst dich zu den Fischen. Und wir können hier draußen genau beobachten, ob du mogelst oder nicht. Und wehe, ich erwische dich, wie du heimlich atmest."

Dem werd ich's zeigen! Warum ignoriere ich in solchen Momenten alle Mahnungen meiner Erbauer? Bloß

<u>nicht auffallen!</u> Doch wie ferngesteuert stürme ich zur Tür des Biologieraums. Nicht abgeschlossen, wie so oft! Frau Heidschrötter-Piepenbrink ist nun mal etwas **zerstreut**. Das sagt man so, wenn jemand ständig vergisst, was er eigentlich machen will. Es bedeutet nicht, dass jemand in Einzelteilen überall verteilt herumliegt.

Das **AQUARIUM** ist vom Biologiesaal aus zugänglich. Ich steige auf einen Tisch, fahre meine wasserdichten Linsen über die Augen und lasse mich zu den **Fischen** ins Wasser gleiten. Natürlich läuft das Becken sofort über. Ich muss denen da draußen beweisen, wie lange ich die Luft anhalten kann.

Oh, oh!

„**Ach du heiliger Elektroschrott!** Es ist aus, wenn du enttarnt wirst", tönt meine innere Alarmstimme. Aber **keine Chance**. Ich mache es mir auf dem Kiesboden gemütlich und achte darauf, nicht zu viele Pflanzen platt zu machen. Um mich herum schwimmen die FISCHE und scheinen ein bisschen irritiert. Auf der anderen Seite der Glaswand beobachten mich die Schüler und halten scheinbar ebenfalls die Luft an, denn ihre Wangen sind aufgebläht und ihre Gesichter ziemlich rot. Unter den **Objekten** entdecke ich nun auch Julius, der aussieht, als sehe er ein See-ungeheuer. Aufgeregt diskutiert er mit Marko und rennt dann davon. Es dauert nicht lange und er kommt mit dem Klassenlehrer zurück.

Blubb! Blubb! Blubb! Blubb!

Ich schaue direkt in Herrn Lembkes erstarrte Grimasse, als er mich da **mitten im Aquarium** entdeckt. Zuerst klopft er abwechselnd gegen die Scheibe und an seine Stirn. „Vielleicht hat sein Gehirn einen **WACKELKONTAKT** bekommen", denke ich.

Und schon stürmt Herr Lembke zur Tür des Biologiesaals. Die habe ich aber von innen verschlossen. Er rüttelt wie wild an der Klinke. (Ohne Erfolg.) Dann rennt er davon und kommt Augenblicke später mit Frau Heidschrötter-Piepenbrink und einem Schlüssel zurück. Ich sehe, wie die Lehrerin einen Schrei ausstößt, als sie mich erblickt. Sie stürmen in den Biologiesaal und vier Arme zerren mich aus meinem Wasserbett.

„Das war der Tropfen, der das Fass zum Überlaufen bringt", brüllt Herr Lembke.

„Das ist ein Aquarium und kein Fass", versuche ich Herrn Lembke zu beruhigen.

„**O nein,** meine armen Fische. Die sind doch so empfindlich!", jault Frau Heidschrötter-Piepenbrink und fängt an, ihre **ARMEN FISCHE** durchzuzählen.

„Ich kann meinen Großmaulwels nirgends sehen! Was hast du damit gemacht, Andro?"

„Hab ihm Gesellschaft geleistet", will ich antworten, bekomme aber nur ein (Blubbern) heraus.

„Das haben Sie davon, wenn Sie den Biologiesaal nicht abschließen", faucht Herr Lembke, der nun seine **goldene Armbanduhr** entdeckt, die voll Wasser gelaufen ist.

„Jetzt schau dir meine Uhr an. Das ist ein Erbstück meines Großvaters. Die hast du mir auch noch **RUINIERT**!"

Die Uhr scheint teuer zu sein, denn sie kostet mich 20 Freundschaftspunkte auf einen Schlag.

Tropf! „Das haben Sie davon, wenn Sie nicht auf Ihre Schüler aufpassen", ätzt Frau Heidschrötter-Piepenbrink zurück.

Herr Lembke besteht auf einen Besuch beim Schuldirektor.

Der Direktor blickt hinter seinem großen Schreibtisch besorgt auf den **TEPPICHBODEN**, der unter mir langsam durchweicht. *Ups!*

„So lernen wir uns also auch mal kennen. Wie ich hörte, zeigst du mitunter **außergewöhnliche Leistungen**. Aber ins Aquarium legen, das hat sich vor dir noch keiner getraut." *Juhu!*

Für einen kurzen Moment bin ich stolz, dass ich der Erste bin. **3 Freundschaftspunkte** gehen auf mein Konto.

„Doch was nutzen mir hervorragende Leistungen, wenn mir ein Schüler vor aller Augen im Aquarium ertrinkt! Eigentlich müsste ich dich dafür von der Schule verweisen." So schnell sind die *3 Punkte wieder weg.*

„Und was ist mit meinem Großmaulwels?

Das ist ein sehr seltener Fisch", jammert Frau Heidschrötter-Piepenbrink.

„Jetzt hören Sie mit diesem **blöden Fisch** auf, Frau Kollegin. Schauen Sie sich lieber meine Uhr an", raunzt Herr Lembke sie an.

„Liebe Kollegen", versucht der Direktor sie zu beruhigen und nippt an seiner Teetasse. „Ihr Breitmaulwels …"

„**Großmaulwels**!", verbessert Frau Heidschrötter-Piepenbrink.

„Ihr Großmaulwels wird sich wiederfinden. Und Ihre goldene Uhr zahlt die Versicherung. Hauptsache, dem Schüler geht es gut und wir haben **keinen Skandal** an der Schule."

So gut geht es mir gerade aber nicht. Es **BLUBBERT** und **PLATSCHT** noch immer in meinem Nahrungsbehälter. Menschen nennen so was Aufstoßen. Das hat Leon immer, wenn er zu gierig isst und trinkt.

„Herr Lembke hat mir erzählt, dass du ein **Informatik-Genie** bist. Solche Schüler brauchen wir an der Konrad-Zuse-Schule. Ich werde also noch mal **ein Auge zudrücken**, wenn du mir versprichst, dich IN ZUKUNFT zu bessern."

„Das linke oder das rechte?", will ich wissen und recke ihm meinen Kopf entgegen.

„Wie bitte?", fragt er mich entgeistert.

„Welches **Auge** wollen Sie zudrücken? Das linke oder das rechte? Ich nehme an, das ist meine **BESTRAFUNG**."

„Humor ist auch gut", sagt der Direktor und lächelt.

Aber er lächelt nicht lang, denn durch mein Vorbeugen **GLUCKST** und **BLUBBERT** es schon wieder in mir. Und dann glitscht mir mit einem *lauten Rülpser* etwas Kaltes aus dem Mund heraus und

landet in der Teetasse des Direktors. Würg

Alle starren gebannt auf das zappelnde Etwas, bis Frau Heidschrötter-Piepenbrink erleichtert ruft:

„Da ist er ja, mein Großmaulwels!"

Oh, oh!

ALARM – EIN MENSCH ZU BESUCH!

„Wir bekommen heute Besuch", sage ich beiläufig.

Mein **Erbauer-Papa** zuckt zusammen. Er ist gerade dabei, mich zu reparieren. Dafür hat er meine **Gefühlssensoren ausgeschaltet** und meine **Wartungsklappe geöffnet**. Mein **Arbeitsspeicher** muss ausgewechselt werden. Bei dieser Gelegenheit ölt er meine Gelenke, die scheinbar etwas Wasser abbekommen haben. Ich bin wohl doch nicht ganz dicht.

Quietsch!

„Besuch? Menschenbesuch?", fragt er.

„Herr Lembke. Der Klassenlehrer. Möchte mit euch Informationen austauschen."

„**Alarmstufe Rot!** Margret, wir müssen alles vorbereiten. Wir bekommen Besuch."

Oh, oh!

Meine **Erbauer-Mama** sendet sofort eine Nachricht aus der Küche in den Keller.

„Notfallplan A. Wohnung präparieren!"

Hopp, hopp!

Notfallplan A bedeutet: Es gibt eine Menge zu tun. Für solch einen Fall müssen wir eine Liste PUNKT FÜR PUNKT abarbeiten.

- Wasser in der Toilette aufdrehen, denn die benutzen wir natürlich nie. ✓
- Betten unordentlich machen, denn Roboter schlafen nicht. ✓
- Futter in den Hundenapf. Irgendwie eklig. ✓
- Strom- und Datenkabel verstecken. ✓
- Menschennahrung einkaufen (Herr Lieb ist schon ganz aufgeregt, dass er endlich was zum Kühlen bekommt). ✓
- Kaffee kochen. ✓
- Kuchen backen. ✓
- Menschenhülle überstreifen. Da sind meine Erbauer ansonsten etwas nachlässig. ✓

Schon klingelt es an der Tür. Tamagotschi **bellt programmgemäß**, ich liege auf meinem Bett und spiele ein Computerspiel. Auf dem Boden habe ich ein paar Kleidungsstücke verteilt und meinen Schreibtisch mit einer halb vollen Tüte **Kartoffelchips** dekoriert. Mein <u>Erbauer-Papa</u> sitzt im Wohnzimmer auf dem Sofa und schaut fern. Meine Erbauer-Mama steht in der Küche und scheppert mit Kochtöpfen. **Ein ganz normaler Menschenhaushalt**, so wie Roboter ihn sich vorstellen.

Wau, wau!

TA-DA!

„Schön, dass Sie uns besuchen", höre ich meinen Erbauer-Papa Herrn Lembke begrüßen. Ich begebe mich auf den Weg in die Küche.

„Der Grund meines Besuches ist allerdings nicht ganz so schön", fängt Herr Lembke an.

„Eine Tasse **Kaffee**?", fragt Erbauer-Mama. Wir setzen uns an den Küchentisch.

„Gern", antwortet mein Lehrer. „Der Grund, warum ..."

„Bestimmt möchten Sie ein Stück Kuchen. Ganz frisch gebacken."

„**O ja,** vielen Dank. Eigentlich möchte ich ..."

Mhm!

„... etwas Sahne dazu", mischt sich nun noch Herr Lieb, unser Kühlschrank, ein. „Ich hab auch Erdbeeren."

Ups! „Ihr Kühlschrank kann sprechen?" Herr Lembke wirkt verstört.

„**SCHLECHTE ANGEWOHNHEIT** von ihm, aber man erhält heutzutage kaum noch Küchengeräte, die nicht ständig dazwischenquatschen", meint Erbauer-Papa.

Herr Lembke rührt zwei Löffel Zucker in seinen Kaffee. „Ich möchte Sie nicht lange aufhalten ..."

„Essen Sie Ihren Kuchen, der wird kalt", unterbricht Erbauer-Mama ihn.

„Den kann man kalt essen", sende ich ihr heimlich per **Textnachricht**, damit Herr Lembke es nicht mitbekommt.

Der wird sichtlich nervöser und sticht mit der Gabel auf den Kuchen ein. Allerdings ist der so **steinhart** geworden, dass er in *tausend Stücke* zerplatzt und auf dem Boden landet. Ein gefundenes Fressen für Staubi.

Platsch! „Mhm, Kuchen aufsaugen", trällert der und wuselt zwischen Herrn Lembkes Beinen herum. „**Fuß anheben!**"

Schmatz! Herr Lembke befolgt Staubis Anweisung, sieht aber aus, als würde er lieber auf den Stuhl springen.

„Beachten Sie ihn nicht. Der will nur saugen", beruhigt ihn Erbauer-Mama. „**Marsch in deine Ecke,** Staubi."

„Ich muss doch sagen: Ihre Haushaltsgeräte sind schon ziemlich **außergewöhnlich**. Man könnte meinen, dass sie l-l-leben", stottert Herr Lembke.

„Das sind natürlich alles **HIRNLOSE MASCHINEN**", erklärt Erbauer-Papa.

„Das habe ich gehört!", mischt sich zu allem Überfluss auch noch Barbarella, unser Herd, ein.

„**Hirnlose Maschinen**? Herr Lieb, was sagen Sie dazu? Wir sollten streiken."

„Hören Sie nicht hin, die reden nur **Blödsinn**", versucht Erbauer-Mama unseren Gast zu beruhigen.

Doch der ringt nach Fassung.

„Ich bin hier, um mit Ihnen über Ihren Sohn zu sprechen."

Juhu! „Das ist nett. Man redet viel zu wenig über die Kinder", freut sich Erbauer-Mama.

„Aber manchmal ist es nötig", sagt Herr Lembke in einem scharfen Ton. „Andros Verhalten in der Schule ist nicht akzeptabel. Gestern hat er sich in voller Montur in das **Schulaquarium** gelegt."

„Andro, ist das wahr?" Meine Erbauer-Mama sieht mich voller Entrüstung an. „Wie oft haben wir dir aufgetragen, erst deine **SCHWIMMSACHEN** anzuziehen, bevor du mit Flüssigkeit in Kontakt kommst?"

„Ich weiß nicht, ob das einen Unterschied gemacht hätte. Ein Aquarium ist **kein Planschbecken**." *Blubb, Blubb*

AHA! „Natürlich! Ein Aquarium ist kein Planschbecken, Andro. Das weiß doch jedes Kind", wiederholt Erbauer-Mama. Ich bin mir sicher, dass sie das bisher noch nicht wusste.

Herr Lembke nickt bekräftigend und nimmt einen

Schluck Kaffee, prustet die **Brühe** aber sofort zurück in die Tasse und verzieht das Gesicht. Jetzt bemerke ich es: Auf dem Tisch befindet sich **kein Zucker**, sondern ein Schüsselchen mit Salz.

„Diese Uhr habe ich von meinem Großvater geerbt. Die ist voll Wasser gelaufen, als ich Andro aus dem **Aquarium** gerettet habe. Den Schaden werden Sie mir erstatten müssen."

„Kein Problem", beschwichtigt ihn Erbauer-Papa, „mit **Feinmechanik** kenne ich mich aus. Die repariere ich. Andro bringt sie Ihnen morgen mit in die Schule."

„*Sie* wollen das machen? Ich weiß ja nicht ...", zaudert Herr Lembke.

„So eine Uhr ist PRIMITIVSTE TECHNIK aus dem letzten Jahrhundert."

Als jetzt auch noch Krautsack, unser **Rasenmäher**, zur Terrassentür hereinkommt und sich lautstark beschwert, dass Tamagotschi überall **Häufchen auf dem Rasen** verteilt habe, sagt Herr Lembke: „Ich denke, wir haben alles besprochen. In Zukunft werden Sie sicherlich besser auf Ihren Sohn aufpassen."

„Positiv. Margret, vielleicht sollten wir KI-Androi..., korrigiere, Andro mit einer **Drohne** überwachen."

„Hast du einen Platinenbrand? Die macht viel zu viel Wind im Klassenraum", protestiert Erbauer-Mama.

„Oder wir statten Tamagotschi mit einer Kamera aus!"

„Ein Hund in der Schule? Negativ. Besser, wir nehmen Staubi, der kann ..."

Während sich **MEINE ERBAUER** um die richtige Erziehungsmethode streiten, bringe ich Herrn Lembke zur Tür.

„Ich werde dich im Auge behalten, **ANDRO**. Mir kannst du nichts vormachen, das geht hier doch nicht mit rechten Dingen zu!"

Dann dreht er sich um und in diesem Moment höre ich es. (Matsch!) Herr Lembke steht mit seinen weißen Schuhen mitten in einem von Tamagotschis Häufchen. **-3 Freundschaftspunkte!**

„Meinst du, er hat etwas bemerkt?", fragt mein Erbauer-Papa, nachdem Herr Lembke unter **WILDEM FLUCHEN** davongehumpelt ist. **Puh!**

„**Negativ.** Wir haben alles genau so gemacht, wie es bei den Menschen üblich ist", beruhigt meine Erbauerin ihn.

Die Generalprobe

Heute ist Generalprobe: Die **LETZTE PROBE** des Kantinomaten, bevor er feierlich eingeweiht werden soll. Alle Schüler der 5c und der **ROBOTRONIK-AG** sind versammelt. Sogar Direktor Bokel ist gekommen.

„Die Schürze ist wirklich nicht nötig", versichert Herr Lembke ihm.

„**Sicher ist sicher**", meint der Direktor und zeigt auf ein paar Flecken auf seiner Jacke. „Ich habe immer noch Soßenflecken vom letzten Mal auf meinem Anzug."

Herrn Lembkes teure Kleidung hingegen ist wieder mal makellos.

„Lieber Herr Direktor Bokel. Meine Schüler und ich haben das **UNMÖGLICHE** möglich gemacht und präsentieren Ihnen heute den **einzigartigen Kantinomaten**. Damit wird die Konrad-Zuse-Schule in die Geschichte eingehen. Ihnen gebührt nun die **Ehre**, den Kantinomaten in Gang zu setzen. Wenn Sie also den **grünen Knopf** drücken …"

Bei diesen Worten zieht Direktor Bokel seine Schürze vorsorglich noch etwas höher. „Danke, das ist eine große Ehre … aber ich weiß nicht, (diese Maschine) … Beim letzten Mal, da hat sie …", druckst er herum. „Was ich sagen will: Diese Maschine ist von Schülern für Schüler entwickelt worden. Da ist es nur rechtens, wenn ein Schüler die erste Bestellung macht."

Sein Blick schweift über unsere Reihen hinweg und schließlich verkündet er: „Lilli, du darfst drücken!" **Oh, oh!**
Lilli bekommt einen **MÄCHTIGEN SCHRECKEN**.

Das würde der Automat bestimmt nicht hinbekommen.

„Sehr gerne. Darf es ein bisschen Sahne dazu sein?", säuselt die blecherne Stimme.

„Klar, und bunte Streusel", befiehlt Lilli.

Alle halten den Atem an. Der Direktor ist vorsichtshalber hinter einer Säule in Deckung gegangen. Nur das Rumoren, Klappern und Rühren aus dem geheimnisvollen Inneren der Maschine ist zu hören. Kontrolllämpchen blinken auf, es quietscht und knarzt, aber alles scheint bestens zu funktionieren. Schließlich macht es *Pling!*, eine Schiebeklappe öffnet sich und vor Lilli steht ein

perfektes Stück ihres Lieblingskuchens mit Sahne und bunten Streuseln. *Beeindruckende Technik*, der Kantinomat.

„Bitte schön. Ich wünsche dir einen guten Appetit!", trällert die **Automatenstimme**.

„Wenn man den überhaupt essen kann", grantelt Lilli. Vorsichtig probiert sie eine Gabel.

MHM! Und dann noch eine. Und noch eine. **Rappzapp** hat sie alles verputzt.

Applau... Der Direktor kommt erleichtert nach vorne gerannt und **KLATSCHT** begeistert in die Hände.

„Herr Lembke, Sie haben es tatsächlich geschafft. Ich habe schon nicht mehr daran geglaubt. **Ich gratuliere!**"

Juhu! Dann kommt er auf uns zu. Julius springt sofort auf und stellt sich breitschultrig vor mich, um das Lob entgegenzunehmen.

„*Hervorragende Leistung*", lobt der Direktor. „Ihr seid ein **TOLLES TEAM**."

„Eigentlich habe *ich* ja den Code geschrieben, aber Andro hat, so gut er konnte,

mitgemacht", prahlt Julius und ich bekomme sogar **einen Freundschaftspunkt** dafür.

"Julius hat das programmiert", bestätige ich laut, damit auch Lilli es hören kann.

Die aber blickt mich nur böse an und scheint **stinksauer** zu sein, dass der Kantinomat so gut funktioniert. **MINUS 1 PUNKT.** Und so bin ich mal wieder da, wo ich angefangen habe: **Bei 0 Freundschaftspunkten!** Oh, oh!

Herr Lembke klopft Julius zufrieden auf die Schulter. Mich hingegen schaut er nur verbissen an. Dabei ahnt er doch, wem er die **GELUNGENE GENERALPROBE** zu verdanken hat. Vielleicht kann ich ihn mit seiner goldenen Uhr umstimmen, die ich, wie versprochen, dabeihabe.

"Kein Wasser mehr drin. **Absolut funktionsfähig**", versichere ich.

Tatsächlich scheint sich seine Laune etwas zu bessern, als er die **funkelnde Uhr** entgegennimmt. Zumindest für ein paar Sekunden.

"Was habt ihr nur damit angestellt? Wo sind denn die Zeiger und das **Ziffernblatt** mit den römischen Zahlen?"

„Meine Er..., korrigiere, Eltern haben die Uhr auf den **neuesten Stand der Technik** gebracht. Als Wiedergutmachung", sage ich stolz. „Jetzt können Sie damit ins **INTERNET**, Ihre **HERZFREQUENZ** überwachen, **FILME** gucken, **TELEFONIEREN** und all so was."

Herrn Lembkes Stimme zittert: „Ich will wissen, wie spät es ist, wenn ich auf die Uhr schaue. Dafür ist eine Uhr schließlich da!" **TICKTACK!**

Aaaargh!

„Es ist genau 11:32 UHR UND 28 SEKUNDEN", trällert die goldene Uhr.

Nicht nur Herr Lembke ist zornig. Auch Lilli ist seit der **Generalprobe** sauer auf alle, die am Kantinomaten mitgebaut haben. Und auf mich ganz besonders. Vielleicht kann ich es wiedergutmachen, wenn ich an der **ANTI-KANTI-DEMO** teilnehme, für die Lilli ihre Plakate aufgehängt hat. Ich brauche **DRINGEND** Freundschaftspunkte. **Viele Freundschaftspunkte!** Sonst schalten sie mich ab, meine Erbauer. Wie die anderen **DEMONSTRANTEN** trägt Lilli einen Anstecker, auf dem „**ANTI-KANTI**" steht. Darunter befindet sich ein durchgestrichener Roboter.

Aaaargh!

„Dich sollte man auch durch einen Roboter ersetzen", faucht sie mich an. „Ich finde es (total doof,) dass du beim Kantinomaten mitmachst. Seitdem funktioniert das doofe Monster nämlich."

„Ich habe keine Ahnung von der Maschine, frag Julius."

Der prahlt immer noch damit, dass ohne seine **überragenden Kenntnisse** gar nichts laufen würde.

„Stimmt", ruft er. „Andro hat mir nur geholfen."

„Kaum", füge ich hinzu.

ä? Ich verstehe immer noch nicht, wieso Lilli so sehr gegen den **Kantinomaten** ist.

„Hat dir der Kuchen nicht geschmeckt?", will ich wissen.

„Woher kannte der Apparat **meinen Lieblingskuchen?** Du bist der Einzige, der davon weiß. Von wegen *Julius* hat das Ding programmiert", giftet sie mich an.

UPS!

Es klingelt. Die meisten Schüler gehen in ihre Klassen. Ich bleibe mit der kleinen Gruppe von Schülern auf dem Schulhof, um zu protestieren. Auch wenn ich eigentlich nichts gegen den Kantinomaten habe. **Ist eine Maschine. Genau wie ich.** Irgendwann werden wir die Menschen ersetzen. So lautet der **Plan meiner Erbauer.** Aber will *ich* das auch? Die Menschen sind zwar fehlerhaft, aber ... Eigentlich würde ich gern dazugehören. Also bleibe ich bei den **Anti-Kantis** und rufe lauthals mit den anderen: „Kein Brot und Salat vom Kantinomat. Brötchen sind lecker, aber nur von Frau Becker!"

Frau Becker ist ganz begeistert, dass die Schüler so schöne Schilder gemalt haben, und verteilt an alle Demonstranten **Müsliriegel**.

Auch mir drückt sie so ein Ding in die Hand und fragt mich vertrauensvoll: „Was genau ruft ihr da eigentlich?"

Ausgepowert

Wir müssen nachsitzen. Alle, die wegen der Demo nicht zum **Unterricht** erschienen sind.

Herr Lembke ist sauer: „Wieso geht ihr auf eine Schule mit dem **Schwerpunkt Informatik**, wenn ihr gegen den Fortschritt seid?"

„Weil es keine andere Schule in der Nähe gibt", ruft Cecil.

„Weil meine beste Freundin auch hierhergeht", meint Naemi.

„Weil ich gerne **COMPUTERSPIELE** zocke", erklärt Dario.

Diese Antworten verursachen bei Herrn Lembke keine bessere Laune. Er wühlt sich durchs Haar, dribbelt nervös mit den Fingern auf dem Pult herum und verkündet schließlich: „Ihr schreibt einen Aufsatz über die Vor- und Nachteile **moderner Computertechnik**."

Ein Stöhnen geht durch den Raum und er fügt hinzu:

„**Zehn Seiten** in leserlicher Schrift. Vorher kommt hier keiner raus. Und **ANDRO**, du schreibst darüber, warum du gegen den Kantinomaten demonstrierst, obwohl du selber mitgearbeitet hast."

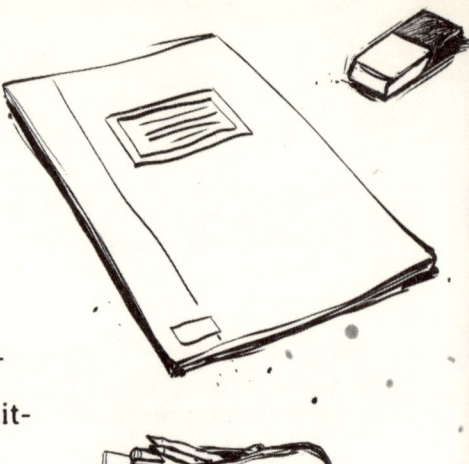

„Freiheitsberaubung!", jault Dario.

Zack! **Zehn Seiten.** Eine Sache von **50 Sekunden**. Für mich. Länger würde ich sogar in meiner schönsten Schrift nicht brauchen. Doch ich will Lilli nicht allein sitzen lassen. Und die schreibt so langsam, dass sie vor **MITTERNACHT** nicht rauskommen wird.

„Brauchst du Hilfe? Dann sind wir schneller", biete ich ihr an.

„Auf keinen Fall. Ich schreibe **EXTRA** so langsam. Schließlich muss Lembke so lange hier sitzen, bis alle fertig sind. Das hat er jetzt davon!"

Immerhin ist sie wieder etwas freundlicher zu mir, weil ich bei den Anti-Kantis dabei war.

„Wieso hast du eigentlich mit uns demonstriert?", flüstert sie.

Achtung! Nichts Falsches sagen!

„Weil ich Freundschaftspunkte brauche", könnte hundertprozentig die **FALSCHE ANTWORT** sein. Also sage ich: „Mir unbekannt. Womöglich ist es noch nicht an der Zeit, dass alles von **Robotern** erledigt wird. Und Frau Becker verliert ihre Funktion."

„Nanu, hast du etwa neuerdings **Gefühle**?", scherzt sie.

Negativ. Natürlich habe ich **keine Gefühle**. Roboter handeln rein logisch. Ich habe nicht die geringste Ahnung, wie sich diese Gefühle anfühlen. Würde mich aber interessieren.

Zwei Stunden sind vergangen und alle haben ihren Aufsatz fertig geschrieben. Nur Lilli und ich sind übrig.

„Ihr braucht wohl noch etwas." Herr Lembke hat unsere **TAKTIK DURCHSCHAUT**. „Ich gehe mal in die Kantine. Soll ich euch was vom Kantinomaten mitbringen?"

OH! „**Keinen Hunger**", giftet Lilli trotzig. *Hihi!*

Jetzt sind nur noch wir zwei im Raum. Plötzlich knurrt es ganz laut. Das Geräusch scheint von Lilli zu kommen.

„Das war mein Magen", entschuldigt sie sich.

„Hört sich an, als hättest du deinen Hund verschluckt", sage ich.

HIHI! *Haha!* „Klar, mit Haut und Haaren." Sie muss lachen. „Jetzt guck nicht so entsetzt. Natürlich habe ich Luna nicht verschluckt. Ich hab einfach nur **HUNGER**!"

„Ich komplettiere unsere Aufsätze, dann können wir gehen und du kannst Nahrung aufnehmen."

Lilli lässt sich auf meinen Vorschlag ein, Herr Lembke hat lange genug nachgesessen. Ich nehme den Füller und ihr Heft und starte mein SCHÖNSCHREIBPROGRAMM. Doch nach **88 Buchstaben** springt mein **Energie-Warnsystem**

Piep! Piep! Piep!

auf Rot. *Mein Akku ist leer!* Nicht schon wieder! Schlagartig fährt mein System auf **Notversorgung** runter und ich bekomme kaum noch ein Wort geschrieben.

„Was ist los?", fragt Lilli.

Piiiep!

„Habn bischen weng Ener...Enger...Egner..." Ich kann nur noch lallen, denn auch mein **SPRACHMODUL** läuft auf Reserve. Ich erahne, dass Lilli mich schüttelt.

„**ANDRO**, was ist los? Das ist nicht lustig!"

Späße machen ist bekanntlich nicht so meins, ich bin kurz vor der ABSCHALTUNG. Meine Augen drehen sich wirr. **Mein Alarmsystem piept wie wild.**

Lilli springt auf: „Ich hol Herrn Lembke."

„Enge...engernie...". Ich bekomme kaum noch ein Wort heraus.

Piep! Piep! Piep! Piep! Piep! Piep! Piep! Piep! Piep! Piep! Piep! Piep! Piep!

LOADING...

Piep! Piep! 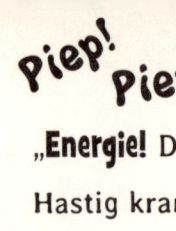 *Piep! Piep! Piep!*

„**Energie!** Du brauchst dringend etwas zu essen!"

Hastig kramt sie in ihrem Rucksack und zieht den Müsliriegel von Frau Becker hervor.

mhm!

„Iss das, sonst klappst du zusammen."

Ich schiebe ihre Hand mit dem Müsliriegel beiseite und entdecke im gleichen Moment **ein Kabel**, das halb aus ihrem Rucksack heraushängt. Ich greife danach und ziehe mit letzter Kraft daran. Tatsächlich: **Eine köstliche, vollgeladene Powerbank** purzelt aus ihrem Rucksack. Mit riesengroßen Augen sieht Lilli mich an.

Hä?

„Andro, du bist ja total verwirrt. Das ist eine **Powerbank**. Willst du jetzt etwa dein Handy laden, oder was?"

Hektisch reißt sie die Verpackung des Müsliriegels auf und will ihn mir in den Mund stecken. Aber ich presse die Lippen zusammen und ziehe die Powerbank an mich.

„Die kann man nicht essen, hörst du, Andro?"

„Erge...egnie, bra...uche Eregnie!"

Wenn ich jetzt tue, was ich tun muss, weiß Lilli Bescheid. Dann ist alles aus! **Mein Alarmsystem blinkt heftig.** Ich piepe wie ein Lastkraftwagen beim Rückwärtsfahren. Aber wenn ich es nicht tue, schaltet mein System jeden Moment ab! **Ich habe keine Wahl!** Ich krempel mein T-Shirt hoch und stöpsle die **POWERBANK** in meinen Bauchnabelanschluss ein. Sofort hört es auf zu piepen und ich erwache zu neuem Leben.

„Was machst du da? Andro, was geht hier vor?", kreischt Lilli.

„Es gibt eine simple Erklärung", beschwöre ich sie.

„Du hast einen **Stromanschluss**? Welcher Mensch hat denn einen Stromanschluss?"

„Ich bin etwas anders."

„Was bist du wirklich?"

„Guten Tag, mein Name ist Andro! Das ist die Kurzform von ... *Piiiep!* Ich bin ein **Mensch**. Ein **künstlicher Mensch**. **EIN ANDROID.** Ein Roboter wie ein Mensch!"

„Du bist eine Maschine?! NUR EINE MASCHINE?!"

Ihr Blick wandert fassungslos von meinem Gesicht zu meiner **Steckdose** und wieder zu meinem Gesicht. Dann greift sie ihren Rucksack und stürmt, ohne ein weiteres Wort, aus dem Raum.

Ta-da!!!

GROSSE PREMIERE

In Computerspielen hat man meist mehrere Leben. Aber das hier ist kein Computerspiel. **Meine Mission ist gescheitert! Meine Freundschaftspunkte? Alle weg!** Das Spiel ist aus. In mir blinkt und piept es. **GAME OVER!**

Lilli wird mich verraten. Sie verabscheut mich jetzt, so wie sie mich angesehen hat. Entweder werden mich meine Erbauer aus dem Verkehr ziehen oder Herr Lembke schaltet mich ab! Oder schlimmer noch: Er wird mich als **Forschungsobjekt** für seinen Unterricht nutzen. Als Roboter, den die Schüler programmieren müssen, damit er einer Linie nachläuft. Oder er wird mich in den **Kantinomaten** einbauen, um die Bestellungen entgegenzunehmen.

Der Kantinomat! Ich selber habe ihn so weit entwickelt, dass er funktioniert und Frau Becker ersetzen wird. Ich muss dringend in die Schule. **EIN LETZTES MAL.** Eine Sache habe ich noch zu erledigen, bevor ich zu **Elektroschrott** werde.

Es herrscht **große Aufregung**, die Pausenhalle ist festlich geschmückt und der Hausmeister stellt Stühle auf. Ein paar Schüler wuseln noch an irgendwelchen **KABELN** herum. Herr Lembke poliert die letzten Fingerabdrücke auf der Oberfläche des Kantinomaten, der jetzt dort steht, wo Frau Becker ihren Tresen hatte. Dazwischen rennt Direktor Bokel nervös umher und gibt **Anweisungen**. Ich nehme neben Leon Platz.

„Hast du gesehen? Das Fernsehen ist auch da?", bemerkt Leon.

Eine Reporterin interviewt Herrn Lembke, der sich für seinen **großen Tag** besonders herausgeputzt hat. Julius schleicht um ihn herum und nickt ständig in die **KAMERA**.

Die **PAUSENHALLE** füllt sich mit Schülern und Lehrern, doch Lilli kann ich nirgends entdecken. Marko kommt und setzt sich zu Leon und mir.

„Schon gehört? Sogar der Bürgermeister soll heute kommen", verkündet Marko ungefragt. „Aber das Beste ist, wir dürfen uns heute alle etwas am Kantinomaten bestellen!"

Mhm!

„Echt? Ich nehme ein Omelette mit Pilzen, ein Schnitzel mit Pommes und danach ..."

Weiter kommt Leon nicht, denn eine Limousine fährt vor und zieht alle **AUFMERKSAMKEIT** auf sich. Der Direktor begrüßt den Bürgermeister überschwänglich.

Ich **scanne** den Bürgermeister: **167 Zentimeter. 92 Kilogramm.** Dunkelblauer Anzug, hellgelbe Seidenkrawatte, glänzender Kopf ohne Haare. Sie setzen sich in die erste Reihe. Mittlerweile ist die Pausenhalle zum

Bersten voll, an den Seiten stehen Schüler, die keinen Sitzplatz mehr ergattert haben. Sie **PLAPPERN** wild durcheinander, bis Herr Lembke hinter das Rednerpult tritt.

„**Test, Test**", sind die ersten Wörter seiner Rede. Die übliche Begrüßung, wenn ein Mensch in ein Mikrofon spricht. Es fiept schrill, dann beginnt er mit seiner Ansprache. *Fiiieep!*

„Sehr geehrter Herr Bürgermeister, sehr geehrter Herr Direktor, liebes Lehrerkollegium, liebe Schülerinnen und Schüler der Robotronik-AG, liebe Schülerinnen ..." Das kann dauern. Da entdecke ich Lilli mit ihrer **Anti-Kanti-Gruppe** an einer Seite der Aula. Kurz treffen sich unsere Blicke, aber sie wendet sich schnell Cecil zu und tuschelt mit ihr. Kein Zweifel, sie will nichts mehr mit mir zu tun haben. **Mit einem Roboter!** Meinen Berechnungen zufolge haben sie bereits Pläne geschmiedet, wie sie mich, die herzlose Maschine, auf der Bühne ausschalten werden. Ich, der „**lebendige**" Beweis dafür, dass die Maschinen schon heimlich unter den Menschen sind. Lilli wird vor aller Augen mein T-Shirt hochziehen. Entsetzt werden sie aufschreien, wenn sie meinen **STROMANSCHLUSS** sehen. Es bleibt nicht mehr viel Zeit. Herr Lembke lobt unterdessen den Segen der modernen Technik, schwärmt vom Beginn eines **NEUEN ZEITALTERS**, in dem Roboter den Menschen alle lästigen Arbeiten abnehmen werden. Der Bürgermeister hört artig zu oder tut zumindest so und die meisten Schüler diskutieren die wesentlich wichtigere Frage, was sie sich gleich zu essen bestellen werden. Nun wendet sich Herr Lembke an Frau Becker. „Liebe Frau Becker, der <u>Moment ist gekommen</u>. Es heißt, Abschied zu nehmen. Endlich dürfen Sie sich nach Jahren der Hingabe Zeit für sich nehmen und sich all Ihre **LEBENSTRÄUME** erfüllen. Keine Brötchen mehr schmieren. Nun ja, Ihre eigenen zum Frühstück vielleicht schon. Aber wenn Sie dazu mal keine Lust haben, kommen Sie einfach her und lassen das Ihren neuen Kollegen, den Kantinomaten, erledigen. Endlich <u>keine lärmenden Schüler</u> mehr. Genießen Sie ihre neu erworbene Freizeit." Frau Becker macht nicht den Eindruck, als würde sie sich freuen.

„Um Ihnen den Beginn Ihres neuen Lebensabschnittes zu versüßen, darf ich Ihnen ein Präsent überreichen."

Mit diesen Worten drückt er ihr eine Schachtel mit Schokoriegeln in die Hand und entlässt sie in den Ruhestand. Plötzlich drängelt sich Lilli mit den Anti-Kantis auf die Bühne. **Der Moment ist gekommen!** Sie werden mich vor der gesamten Schule enttarnen. Ich darf keine Millisekunde mehr verlieren und zwänge mich durch die Stuhlreihen. Unbeachtet, denn **zum Glück** ziehen die Anti-Kantis die Aufmerksamkeit auf sich.

Herr Lembke hastet auf sie zu. Sie diskutieren leise, aber heftig. Sein Gesicht wird immer ernster. Jetzt hat er wohl erfahren, dass er von einem Roboter, von mir, **hinters Licht** geführt worden ist. Ich erreiche das rote Band, das den Kantinomaten absperrt, bücke mich darunter her und SCHLEICHE hinter den kastigen Apparat. Zum Glück kann mich dort hinten niemand sehen. Doch die meisten sind sowieso vom Tumult auf der Bühne abgelenkt. „WIR WOLLEN KEINEN KANTINOMATEN, WIR WOLLEN FRAU BECKER!", rufen die **Anti-Kantis** und halten ihre gemalten Plakate hoch. Direktor Bokel und ein paar Lehrer hechten hinzu und schieben die Gruppe von der

Bühne. Ich öffne die Klappe mit den Anschlüssen für die **Datenübertragung**. Hastig verkabele ich mich mit dem Kantinomaten. Es piept und blinkt und in meiner **3-D-Video-Info-Brille** tut sich dessen gesamte Festplatte auf. Endlich habe ich Zugriff auf die Daten. Ich klicke auf „LÖSCHEN".

Dudeldidum! macht es und ein **Statusbalken** kriecht, langsam wie eine Schnecke, von links nach rechts. Es dauert eine gefühlte Ewigkeit, bis ein *Pling!* mir bestätigt: „**KEINE DATEN AUF DER FEST-**

PLATTE." Nun kann ich mein neues Programm aufspielen, das ich letzte Nacht geschrieben habe. Während der **Ladebalken** nur langsam vorankommt, setzt Herr Lembke seine Rede fort und übergibt das Wort an Direktor Bokel.

„Herr Bürgermeister, wie Sie bemerkt haben, dürfen auch kritische Schüler an der **Konrad-Zuse-Schule** ihre Meinung kundtun. Das ist uns wichtig", spricht der Direktor ins Mikrofon. „Nach dieser kleinen Demonstration kommen wir nun zur feierlichen Einweihung unseres Kantinomaten. Wenn ich bitten darf, Herr Bürgermeister."

Der begibt sich gediegenen Schrittes nach vorn. Herr Lembke überreicht ihm eine **SCHERE**. Essen Bürgermeister mit einer Schere? Nicht mit Messer und Gabel? Aber das ist jetzt nicht wichtig. Der **Ladebalken** kommt kaum voran und schon erhebt der Bürgermeister das Wort: „Liebe Schüler, ich beglückwünsche euch zu eurem Kantinomaten, der euch in **Zukunft** bestens mit Speis und Trank versorgen wird. Es ist mir eine **besondere Ehre**, der erste Gast sein zu dürfen."

Ta-da!

Mit diesen Worten zückt er die Schere, schneidet das rote Band durch und erklärt den Kantinomaten für eröffnet.

„Drücken Sie den **grünen Knopf**, dann können Sie bestellen", erklärt Herr Lembke dem Bürgermeister.

In der Pausenhalle ist es still geworden, alle Augen sind auf den Bürgermeister gerichtet.

Oh, oh! **Schneller, Statusbalken!** Der Bürgermeister hat die Fingerspitze schon am grünen Knopf. Doch dann nimmt er sie wieder herunter und fragt: „Soll ich wirklich drücken?"

„Nein!", rufen die Anti-Kantis.

(Du lieber Platinenbrand!) Noch immer ist mein Programm nicht vollständig übertragen.

Dann macht es endlich *Pling!* Die **Daten** befinden sich auf der **Festplatte** des Kantinomaten. Hastig ziehe ich das Kabel aus dem Anschluss und mische mich wieder unter die Schüler. Der Bürgermeister drückt den **Knopf**.

„Guten Tag", ertönt die blecherne Stimme. „Was kann ich für Sie tun, Herr Bürgermeister?"

"Ich hätte gern Spaghetti mit Tomatensoße, dazu einen bunten Salat und zum Nachtisch einen Bienenstich."

"Einen Augenblick, bitte", säuselt der Kantinomat und beginnt, ein Liedchen summend, mit der Zubereitung.

"**Datenmüll und Platinenbruch!**", fluche ich leise. "Mein Programm scheint nicht zu funktionieren! Der Apparat arbeitet **vollkommen fehlerfrei!**"

Klapper!

Neugierig lauscht der Bürgermeister dem Rumoren und Klappern. Das Kamerateam filmt jedes Detail, während Herr Lembke die Vorgänge im Inneren der Maschine erläutert. Direktor Bokel präsentiert sich der Kamera von seiner besten Seite und hört gar nicht mehr auf zu grinsen. **Da, endlich!** Meine 3-D-Video-Info-Brille erfasst eine kleine Rauchwolke, die aus dem Automaten wabert.

Rums!

Funktioniert mein Programm etwa doch? Es rappelt noch ein wenig, dann fragt die Blechstimme: „Den Salat vorweg?"

Zisch! Noch bevor der Bürgermeister antworten kann, fliegt auch schon **Klappe 3** auf und ein Gemisch aus grünen

Blättern, Tomaten, Karotten, Pilzen und **Gurken** ergießt sich auf die polierten Schuhe des Ehrengastes.

„Kann passieren", spielt er die Peinlichkeit herunter. Dann fährt ein langer Arm aus der Maschine heraus.

KLIRR! Vorn befinden sich Düsen und Röhrchen, aus denen jetzt **Spritz!** in allen möglichen Farben **Ketchup, Mayonnaise, Grill-Soße, Knoblauch-Dressing, süßer, mittelscharfer** und **sehr scharfer Senf** spritzen. Genau auf die gebügelten Hemden von Herrn Lembke, Direktor Bokel und dem Bürgermeister.

Herr Lembke murmelt entsetzt: „Jetzt haben wir den **Salat**!" Der Bürgermeister sieht sein bekleckertes Hemd und schimpft: „Das wird mir zu bunt."

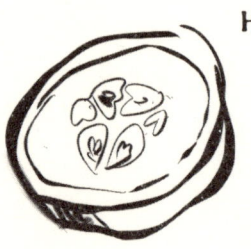

„Darf ich das Hauptgericht servieren?", fragt der Kantinomat und schleudert **kiloweise Spaghetti** durch die Pausenhalle. Alle Schüler springen begeistert auf, um eine (PORTION NUDELN) zu fangen.

Spritz!

Plitsch!

Platsch!

JUHU!

Ein großer Teil landet jedoch auf dem kahlen Haupt des Bürgermeisters, der nun aussieht, als hätte er **blonde Locken**. Jedenfalls, bis eine große Schöpfkelle erscheint und ihn mit roter Tomatensoße übergießt. Herr Lembke und der Direktor stehen wie gelähmt daneben. Auch sie sind von oben bis unten **vollgenudelt**. Die Schüler bewerfen sich mit den GLITSCHIGEN SPAGHETTI. Frau Becker hat ihr Präsent aufgerissen und schleudert die kleinen Schokoriegel auf Herrn Lembke. Die Anti-Kanti-Gruppe jubelt und Frau Heidschrötter-Piepenbrink nuschelt mit vollem Mund: „Schmecken tut's auf jeden Fall."

JUHU!

Die Premiere entwickelt sich zu einer **wunderbar wüsten Party**. Die Kameraleute wissen gar nicht, was sie zuerst filmen sollen, und freuen sich über das gefundene Fressen für die Abendnachrichten. Im wahrsten Sinne des Wortes.

Der Bürgermeister bahnt sich den Weg zum Klatsc Ausgang und schlägt dabei um sich. Nicht, um jemanden zu verletzen, sondern um die Bienen zu vertreiben, die der Kantinomat **ALS DESSERT** serviert hat. „Aua! Nie wieder Bienenstich!", jault er, bevor er in seiner Limousine verschwindet.

Autsch!

Direktor Bokel schreit den völlig bekleckerten Herrn Lembke an: „So eine Blamage! Zur nächsten großen Pause ist hier alles tipptopp und wehe,

ich höre noch ein Wort über diese **teuflische Maschine!**"

Ich muss mich beeilen, bevor der Kantinomat abgebaut wird. Unbemerkt öffne ich eine **Wartungsklappe** und baue ein paar **brauchbare Teile** aus. Neu zusammengesetzt kann ich jemandem damit bestimmt eine (Freude) machen.

Herr Lembke wischt sich die Tomatensoße aus den Augen und blickt wütend um sich. Ich habe gerade mein Werk vollendet, da kommt er auf mich zu.

„Ich weiß, wer für diese **Sauerei** verantwortlich ist! Keine Ahnung, wie du das angestellt hast. Aber ich werde hinter dein Geheimnis kommen."

Mein Geheimnis?! Lilli hat mich nicht verraten? SCHAURIGSCHÖNE KLEINE STROMSCHLÄGE lassen mich aufzucken.

„Julius hat den **KANTINOMATEN** programmiert."

Doch Julius hat sich aus dem Staub oder besser gesagt aus den Nudeln gemacht. Und die werden gerade von Frau Becker zusammengekehrt. Ich gehe zu ihr und sage: „Das ist für Sie. Vielleicht können Sie es gebrauchen."

„Rauchen? Nein, das ist ungesund, lieber Andro!"

Ich reiche ihr die ZWEI APPARATE, die ich gerade zusammengebaut habe, und zeige auf ihre Ohren. Sie guckt mich verwundert an, folgt dann aber meiner Anweisung.

„Das gibt es doch nicht. Sollte ich etwa ein bisschen schlecht gehört haben? Mensch, Junge, da ist aber 'ne Extraportion für dich fällig!"

Bloß nich

„Eine Portion Kartoffelsalat?", frage ich erschrocken.

„Genau, **Kartoffelsalat**", antwortet Frau Becker.

Oje!

„Die geben Sie besser Leon, der kann etwas auf die Rippen gebrauchen!"

So muss sich Glück anfühlen

Bis zur **zweiten großen Pause** sieht es wieder halbwegs normal aus in der Aula. Man könnte meinen, ein gewöhnlicher Schultag gehe seinen Lauf. Ungewöhnlich ist nur der Imker, der die **941 Bienen** wieder einfangen soll. Und Herr Lembke, der **37 Flecken** auf dem Anzug hat und auch in der sechsten Stunde immer noch **einzelne Nudeln** findet, wenn er sich durchs Haar fährt. Ebenfalls ungewöhnlich ist der Anblick meiner **bunt bekleckerten** Mitschüler. Der Direktor hat darauf bestanden, den Unterricht wieder aufzunehmen. Natürlich tuscheln alle Schüler und kichern über das Ereignis des Tages: **Die Nudelschlacht in der Pausenhalle.** Ich sehe, wie Lilli mit Cecil giggelt, doch immer wieder straft sie mich mit einem kurzen, bösen Blick.

Julius ist ungewohnt zurückhaltend im Unterricht. Kein Wort mehr über seine **GROẞARTIGEN** Programmierfähigkeiten. Aber in der Pause kommt er zu mir, seine Augen zu Schlitzen verengt, und stößt hervor: „Das zahl ich dir heim. **Das wirst du bereuen!**"

Oh, oh!

Hätte ich überhaupt noch Freundschaftspunkte gehabt, so hätte ich sie spätestens jetzt alle verloren.

Wau, wau!

Am Nachmittag gehe ich mit Tamagotschi Gassi. Normalerweise bearbeitet mein HOCHLEISTUNGSHIRN mehrere Sachen auf einmal. Ich kann gleichzeitig Mathehausaufgaben machen, einen Aufsatz schreiben, im Internet forschen (ohne dass meine Erbauer es mitbekommen natürlich) und mich unterhalten. Kein Problem, normalerweise. Aber irgendwie ist nichts mehr normal. Als hätte sich eine dicke **graue Staubschicht** auf meine **PLATINEN** gelegt. Meine gesamte **Prozessorleistung** kreist nur um die Sache mit Lilli. Wird sie jemals wieder

Psst!

mit mir sprechen? Wird sie mich bei nächster Gelegenheit doch noch verraten? Ich hätte **meine ERBAUER**

PUH!

längst darüber informieren müssen, dass jemand mein Geheimnis kennt, dass ich enttarnt worden bin und dass

Game over!

ich **keinen einzigen Freundschaftspunkt mehr habe!** Dass meine komplette **Mission gescheitert** ist. Und das bedeutet: Meine Erbauer werden mich abschalten. Sollen sie doch! Ich bin anscheinend ein **FEHLER-HAFTES MODELL**. Ich habe meine Erbauer enttäuscht und meine einzige Freundin. MEINE FREUNDIN? Was ist das überhaupt: (Freundschaft?)

HÄ?

> **ANALYSE:** ✗
>
> Meine Analyse ergibt: Ein auf gegenseitiger Zuneigung und Vertrauen beruhendes Verhältnis von Menschen zueinander. Aha!

Von *Menschen* wohlgemerkt! Kann ein Roboter überhaupt eine **Freundschaft** haben oder geht es nur darum, **Freundschaftspunkte** zu sammeln? Und wozu sollen die gut sein?

Mein **PROZESSOR** droht zu schmelzen. So merke ich nicht, wie Tamagotschi mich zielstrebig zur **Hundewiese** zieht. Erst als er sich kläffend losreißt, sehe ich Lilli, die mich im gleichen Moment entdeckt und sich hastig wegdreht. Sie pfeift ihren Dackel zurück und will sich davonmachen. Aber **Tamagotschi** lässt nicht

Wau, wau!

von Luna ab und rennt mit ihr fort. Zumindest unter Tieren und Robotern scheint es so etwas wie **FREUNDSCHAFT** zu geben.

„Kannst du mal auf deinen Hund aufpassen?", schimpft Lilli.

„Tamagotschi, bei Fuß", rufe ich. Immerhin hat Lilli mich angesprochen, wenn auch nicht besonders freundlich. „Er zeigt **keine Reaktion** auf mein **Sprachkommando**."

„Dann leine ihn gefälligst an!"

Dafür muss ich natürlich näher zu ihr kommen. Mein **Stromverbrauch** schießt in die Höhe, mein **Arbeitsspeicher glüht**. Ich durchsuche mein **Sprachmodul** nach den richtigen Wörtern. Aber Lilli fängt schon an zu schimpfen.

„Ich bin so froh, dass dein **BLÖDER KANTINOMAT** so ein **GEMATSCHE** gemacht hat. Das geschieht dem Lembke recht. Und euch auch! Woher kannte der eigentlich meinen Lieblingskuchen? Das ist der Beweis dafür, dass du das Ding programmiert hast."

UPS!

„Woher hatte der **PROGRAMMCODE** denn wohl diesen **Virus**?"

Lilli schaut mich verdutzt an: „Hast du ihn etwa so programmiert?"

Ich nicke. „Positiv!"

„Nicht schlecht für einen Roboter", spottet sie.

„Ich möchte, dass Frau Becker die Pausenbrötchen für euch Menschen schmiert und **KEINE MASCHINE**."

„Du bist doch selbst eine Maschine. Eine, die sich **HEIMLICH EINGESCHLICHEN** hat."

So ganz unrecht hat sie damit nicht.

„Aber ein äußerst **modernes Modell**. Auch wenn nicht immer alles funktioniert."

Genau in diesem Moment geht die **Steuerung** von meinem linken Arm kaputt, sodass der nur noch sinnlos herumfuchtelt.

„Soll das so?", fragt Lilli und schlägt mir **kräftig** auf den Rücken. Das wirkt, der Arm hat wohl nur mal wieder eine kleine Störung.

„Ich bedanke mich", sage ich. „Du kannst mich nicht mehr leiden, stimmt's? Weil ich **ein Roboter** bin."

„Stimmt."

„Aber ich bin <u>anders</u> als der Kantinomat. Besser irgendwie."

„So gut, dass du mir vorgemacht hast, du wärst ein Mensch?"

„Ich bitte um **ENTSCHULDIGUNG**. Aber ich darf nicht enttarnt werden. Sonst wird man mich abstellen und auseinandernehmen."

„Meinst du? Das ist doch dann so was Ähnliches wie Mord. Das darf man doch nicht einfach."

„**MASCHINEN** darf man abstellen. Das gilt nicht als Verbrechen."

„Ich würde das nicht machen. Ich würde dich vielleicht in einem Museum ausstellen. Oder im Zoo. Gibt es **Zoos für Roboter**? Das wäre doch lustig.

,**Bitte nicht füttern**' würde

dann an deinem Gehege stehen. Jeden Tag würdest du um **vier Uhr** von einem Pfleger an den Strom angeschlossen werden."

„**Wie herzlos.** Das wäre schlimmer, als ausgeknipst zu werden."

„Das war nur ein **SCHERZ**. Ich würde dich doch nicht wirklich in einen Zoo stecken." HAHA! HIHI!

äu! Wir schweigen eine Weile und beobachten die Hunde, die sich immer noch jagen. Wuff!

„Du bist nicht so, wie man sich einen Roboter vorstellt. So mit **BLECHSTIMME** und **ANTENNEN** und **SCHRAUBEN** und so was."

Nun ja, unter meiner **künstlichen Haut** kann man das schon alles finden. Doch das braucht Lilli nicht zu wissen.

„Aber ziemlich merkwürdig bist du schon manchmal."

„Das ist Marko aber auch …"

„Der kommt zumindest nicht **im Taucheranzug** in die Schule. Aber das ist nicht das Schlimmste."

„Was ist das Schlimmste?", will ich wissen.

„Das Schlimmste ist, dass du mich belogen hast und mir nicht gesagt hast, dass du ein Roboter bist. **Gute Freunde lügen sich nicht an.** Und deswegen bin ich sauer auf dich."

„Ist es dir egal, dass ich ein künstlicher Mensch bin?"

„Ist schon irgendwie komisch, dass du lieber **Batterien** als Müsliriegel in dich hineinstopfst. Aber was soll's. Ob du nun aus Fleisch und Blut oder aus **SIZILION** und Feinmechaniköl bist. Irgendwie bist du schon etwas wie ein Mensch, ein echt komischer Mensch."

„Silikon, nicht Sizilion", korrigiere ich sie.

„Ach ja, und ein elender **BESSERWISSER** bist du natürlich auch", sagt sie, aber es hört sich freundlich an. Jedenfalls rasseln **jede Menge Freundschaftspunkte** auf mein Konto. Der graue Staub auf meinen Platinen ist wie weggeblasen.

„Was ist, kommst du mit? Meine Mama hat schon nach dir gefragt. Sie hat Kuchen gebacken. Kannst ja wieder so tun, als würdest du nichts lieber essen auf der Welt."